Scent of Solitude
孤獨의 香氣

聖雲 朴章遠 시집

◼ 문학공원 시선 67 ◼

Scent of Solitude
孤獨의 香氣

聖雲 朴章遠 시집

2011ⓒ

문학공원

시집을 내며

　시(詩)는 종교(宗教)도 아니며 신앙(信仰)도 아니다. 순수문학일 뿐이다. 문학과 시를 나의 아집(我執)과 독선적인 자기 종교의 카테고리로 끌어들여 맞지 않는다거나 자기 철학이 아니라서 배척하는 우는 범하지 말아야 한다.

　시와 수필을 읽으면서 구중궁궐 깊숙한 곳까지 감상하고 상상의 날개를 펴고 날아보라. 시 속에 숨겨지고 가려져있는 커튼을 열고 그곳의 실연(實演)을 보라. 그리고 공감주의 철학자(共感主義 哲學者)가 되어 공감해보라. 훨씬 진실(眞實)한 삶으로 승화의 미와 공감의 즐거움을 만끽하게 될 것이다.

　순수한 마음으로 문학의 세계에 발을 디디어보라. 문학은 어디까지나 문학일 뿐이다. 종교도 아니며 신앙도 아니다. 시는 진실한 문학이다. 이해와 긍정, 그리고 공감해보라. 피가 맑아지고 새로운 세계를 발견하고 바라보게 될 것이다.

　마음의 편견적인 아집의 문을 활짝 열고 문학인이 되고 공감주의자가 되어 시를 접해보라. 새로워지게 될 것이다. 공자가 되어 문학을 접하지 말고 성자가 되어 시를 접하지도 말자. 시는 시대로, 문학을 순수하게 받아들여보자.

　　　　　　2011년　가을이 시작되는 아침

　　　　　　　　　　　　　　　　　筆者　聖雲

시집을 내며···5

1부 마음시 / 영혼의 갈망

가신 님······································14
마음은 이슬 젖어··························15
꿈 타고 옛날을 간다·····················16
같이 걷던 길······························18
미로의 길목································19
다가오는 낙원······························20
고독의 향기 · 1···························21
고독의 향기 · 2···························22
울고 싶으면 울어라······················24
내일을 기다리면서························26
후회(Repentance)························28
독백(Monologue)·························29
한세월 · 1··································30
한세월 · 2··································31
가능성·······································32
두 주먹 불끈 쥐고·······················33
나이의 틀 속의 인생·····················34
내일이 찾아와 용기를 준다············35
울지 마라··································36
추억이 몸부림치면·······················37
내가 무엇이 될꼬 하니··················38
꿈을 뒤진다·······························39
고독의 해법·······························40
영혼의 갈망·······························41
다짐··42

2부 사랑시 / 네가 있는 밤

사랑의 변덕·1·················46
사랑의 변덕·2·················47
달려온 세월···················48
꿈을 타고 달려가···············49
네가 있는 밤··················50
고운님 모시고·················52
그리워·······················53
애가(Lamentations)············54
눈물·························55
너, 그리고 나··················56
나, 오늘 여기에················58
사랑의 변덕···················59
보고파·······················60
사랑·1······················61
사랑·2······················62
사랑·3······················63
사랑·4······················64
사랑·5······················65
사랑·6······················66
그의 존재····················67
같이 웃고 같이 울고············70
사랑을 대답하여 드리오리다······72
자꾸만 생각이 나서············73
옛날이 눈에 어리어············74
사랑노래 부르면서·············76

3부 고향시 / 꿈을 타고

나의 어머니……………………………78
실향(失鄕)의 고향(故鄕)………………………79
전선야화(戰線夜話)……………………80
밝아오는 통일의 날………………………81
꿈길에 찾아본 고향…………………………82
꿈을 타고……………………83
망향(望鄕)…………………………84
고향으로 달리는 기차……………………………85
고향………………………91
조국…………………92
아련하게 느끼는……………………………94
눈을 감으면……………………………96

4부 자연시 / 허무의 목련(木蓮)

한라 한라의 영산(靈山)……………………………100
계절의 꽃……………………………101
허무의 목련(木蓮)……………………………102
가을의 계절……………………106
선구의 매화(梅花)……………………………17
밤이 찾아들면……………………108
가을………………………109
달과 별……, 그리고 너와 나!……………………………110
지구도 나이 먹어……………………………111
으악새, 그리고 달님……………………………112

만추(晩秋)의 낙엽······················114
빙점························116
돌아온 가을·······················118
북풍한설······················119

5부 생활시 / 여보시오 나그네

음악의 세계·····················122
서울의 밤····················123
불변의 화신·····················124
정오의 태양····················125
사랑하는 K에게·····················128
친구······················130
자장가·····················131
겨울바다 송도···················132
세월의 줄행랑·····················133
씻을 길 가히 없어·················134
한 세월을 살다간 나그네들················137
회고(回顧)··················138
한 해의 망년(忘年)·················140
여보시오 나그네·················141
우리나라 꽃··················142
사랑 중에 제일은················144
옭매인 인생살이·················145
클래식·····················146
멘델스존··················148
아렌스키·················150
천국을 넘나드는 음악···············152

차례 **9**

브람스······················155
하이든······················156
가난이 머물러 있다고 해서······················158
어찌타 이꼴이 되었는고야 · 1······················160
어찌타 이꼴이 되었는고야 · 2······················162
어찌타 이꼴이 되었는고야 · 3······················164
도대체 왜들 이러슈 · 1······················166
도대체 왜들 이러슈 · 6······················168
불면(不眠)······················170
달려보아라······················171
동토(凍土)의 나목(裸木)······················172
병원인가 법원인가······················174
원망······················175
사는 것이 무엇이길래······················176
늦기 전에······················177
한참이나 세월 가도······················178
정치의 변질······················179

6부 신앙시 / 무거운 죄 짐을 지고

샤론의 백합······················182
기도(Prayer)······················183
나의 기도(My prayer)······················184
명상(meditation) · 1······················185
명상(meditation) · 2······················186
명상(meditation) · 3······················188
찬송 찬송 찬송 · 1······················190
찬송 찬송 찬송 · 2······················192

주님의 그늘 밑·················193
겸손히 섬기며·················194
오늘 해가 질 때까지·············195
수고로운 인생살이···············196
무거운 죄 짐을 지고··············197
주님 만난 후에는················198
이 한세상 사는 동안··············199
내 마음에 참 평안을··············200
이 세상 험하고·················201
황혼길 끝자락에서···············202
하늘나라 고향 삼고··············203
구노의 아베마리아···············204
참되신 행복··················205
깨어나라···················206
힘도 없고 연약하여···············207
감사하며 살아갑니다··············208
끝자락에 빛이 빛나요··············209
믿음으로 살아갑니다··············210
바램의 기도 · 1················211
바램의 기도 · 2················212
수로보니게 여인의 기도············214
천사 같이 날으면서 · 1············216
천사 같이 날으면서 · 2············217
산길 헤매며··················218

■ **작품해설 및 추천서평**
공감주의에 대한 찬사/김상돈··········221
거룩한 마음들이 녹아든 시집/김순진······227

1부 마음시
영혼의 갈망

가신 님

그리워 그리워 하도 그리워
조용히 그 이름 불러봅니다
아련한 그 옛날이 다가오면은
어느새 눈가엔 이슬 맺혀요

보고파 지그시 눈을 감아요
산 넘어 떠오르는 달님과 함께
방끗이 웃으며 손짓을 해요
눈을 뜨면 어느새 사라집니다

그리워 가슴이 시려올 때면
나즉이 그 이름 불러봅니다
저 멀리 계신 님 대답 없고요
긴긴 밤 고독과 씨름합니다

마음은 이슬 젖어

가슴이 아파옵니다 상처 있기에
치유되지 않았기에 아파옵니다
훨훨히 불타고 남은 숯덩이 같이
가슴은 온통 숯가루 되었습니다

그리도 무섭게 타오르던 불꽃……!
행복은 파도쳐 몸을 적셨고……
지금은 고독과 함께 몸부림치는……!
불타고 남은 가엾은 마음 달래봅니다

거세게 부는 바람에 꽃잎 날리고
잔잔한 고요의 바다 거칠어지듯
세파에 떠밀리어서 예까지 왔고
마음은 이슬 젖어 추위 떱니다

꿈 타고 옛날을 간다

사랑 날개 업히어 창공을 날고
뭉게구름 타고서 국경 넘는다
꿈에 묻어 날아간 옛날 그 옛날
세월네월 손잡고 멀~리 갔어도
아련하게 추억 남아 변함없어라

다다밋방 하숙집 주인 아줌마
웃는 얼굴 지금에 와 변함없어라
방학되어 고국에 다녀온 줄 알고
호랑이 아버지도 안녕하시나……?
다녀가신 아버지의 안부 묻는다

'메구로'가 종점인 전차를 타고
일에 밀려 못 본 책 책장 들춘다
쯔기와 간다노 니시기쪼 가시
(다음은 神田의 錦町岸)
학교앞 정거장 "나시기쵸~ 가시다"
와르르르 학생들은 쏟아져나온다

텅 빈 전차 지지직 땡땡땡 달려가고

학교 앞 단골집 삼대 우동집……

정문 앞 구두수선 바로 그 아저씨

어쩌면 하나도 변한 것 없다

책상시계 때르릉 잠을 깨운다.

註 1 : 메구로(目黑)라 부르는 역(驛)이 있었는데 전차의 종점이다.
註 2 : 간다(神田)에는 학교가 많아 학교 촌이다. 니시끼죠 가시(錦町岸)라는
 전차정거장에서 차장이 간다(神田)노 니시끼죠 가시(錦町岸)라고 소리를
 지른다.

같이 걷던 길

그 사람이 그 사람이 못내 그리워
가지런히 걷던 옛길 걸어봅니다
봄이 오면 파란 웃음 반기던 그길
오늘이라 쓸쓸하게 걸어봅니다

그 사람을 그 사람을 잊을 길 없어
사랑 흘린 옛날길을 걸어봅니다
더울세라 양산 받쳐 다정했던 길
쨍쨍한 날 양산 없이 걸어봅니다

그 사람은 그 사람은 지금 어디에
고독 씹고 외롬 달래 살고 있을까……?
낙엽 지는 가을 하늘 바라보면서
안녕 빌며 낙엽 따라 걸어봅니다

미로의 길목

나는 나는 누구이며 어디서 왔나
나는 나는 누구기에 여기에 있나
어디에서 왔다가 어디로 가나
가는 곳이 어느멘지 미지의 길목을 달리어본다

내가 내가 살아야 할 이유도 없이
흘러 흘러 막연하게 예까지 왔네
이런 핑계 저런 핑계 핑계 대면서……
가야할 길 바로 잡고 미로의 길목을 벗어나리라

내가 사는 동안에는 옳게 살리라
미지의 길 미로의 길 길목에 서서
다짐하며 옷깃 여며 나를 달랜다
나의 갈 길 다 가도록 열심 다해 달려가리라

다가오는 낙원

슬피 우는 사람 보면 나도 슬퍼요
병상에서 고통 받는 사람 보게 될 때면
웬일인지 나도 몰래 가슴 아파요
고통 없는 지상 낙원 언제 오려나

눈물 닦는 사람 보면 마음 아파요
불행한 일 당한 사람 바라볼 때면
아니 벌써 마음으로 울고 있어요
눈물 근심 없는 나라 언제 오려나

울지 마라 염려 마라 희망 보인다
잠시 잠깐 참고 살자 행복이 온다
참는 자가 복이 있다 말씀 믿고서
웃고 살자 다가오는 낙원을 보며

고독의 향기 · 1

고독을 질겅질겅 씹으면서라도
나는 나홀로가 아주 편해요
내가 나와 씨름하듯 숨차하면서
진정 나는 나 혼자가 제일 좋아요
날개 펴고 높게 높게 날아보면서……

와글 법석 시끌벅적 인육의 틈새
부딪치고 밀쳐가며 살기 힘겨워
가시나무새 외로움에 추워 떨어도
고독에 묻은 향기 만끽하면서
그곳에 머물러 살고 싶어요

높은음자리표 찢어지는 소리보다도
쉼표가 있는 선상에 머물고 싶고요
찌그리고 다투며 사는 것보다는
사막의 꽃 '샤프란'이 활짝 피어나듯이
조용히 피고지고 살으렵니다

고독의 향기 · 2

고독은 눈물 젖어 찾아옵니다
고독은 마음 얼어 추워 떨면서
시린 마음 안고와 같이 떱니다
밤새도록 추운 밤 같이 떱니다

때로는 산산이 부서진 파도를 안고
서글퍼 외로워 찾아옵니다
밤새도록 부서진 마음 어루만지다
동창 밝아 바람 타고 사라집니다

고독은……
바람 타고 찾아와 노크합니다
고독은 향(香)이

묻어 찾아옵니다
너도 없고 나도 없는 향만이 남아
잠 못 이루는 긴긴 밤을
자장가 불러주며 잠을 재워줍니다

고독은……
내가 좋아 찾아오닙니다
고독이 나의 곁에 머무는 동안
나는 결코 외롭지가 아니합니다
옛날을 추억하면서……
국향(菊香)에 젖어……
철이 없는 아이가 되고……
내일이 올 때까지……
마냥 즐거워 엉켜돌아갑니다

울고 싶으면 울어라

고독은 씹는 것이 아닙니다
고독은 마시는 것입니다
고독을 마시고 있노라면
흐느껴집니다……
흐느끼고 있노라면 눈이 젖어옵니다
눈이 젖어 있노라면
마음도 젖어옵니다
마음이 젖어 있노라면
가슴마저 젖어옵니다

가슴이 젖어온다 싶어지면……
나는……, 영혼마저 젖어옴을 느끼게 됩니다
영혼이 젖어올 때쯤이 되면은
비를 뿌리듯……
눈물은 주르르륵 주르륵……
하염없이 샘솟듯합니다
그러그러 해야…… 고독은 물러가고……
소나기가 그치고 나듯……
가슴은 맑은 가을하늘이 됩니다

울고 싶으면 흠뻑 젖어
울어보십시오……
맑고 맑은 가을 하늘 같은 마음이 찾아옵니다

울고 싶으면 울어라
실컷 울어라……

내일을 기다리면서

세월의 흐름을 실감하면서
슬픈 역사 가슴에 묻은 채
이만쯤이 어디인줄 모르는 채
흐르고…… 흐르고 있는 것을 본능으로 삼고
흘러만 가는 막무가내세월에 밀려
오늘이라 일컫는 예까지 밀려왔습니다

세상의 인심이 엄동의 설한임을 느끼며
냉혹한 혹한에 떨며……
버티고 이 악물고
오늘의 예가 어디인지도 모르는 채
칼날 같은 매섭고 모진 바람 견디어
오늘이라는 예까지 숨가쁘게 달려왔습니다

흘러간 쓰라린 역사 가슴 속 깊이에 묻고
진정한 내일이 있다 하기에 기다려봅니다
어서 빨리 동지섣달 긴긴 밤이 지나가고
기다리는 내일이 오기를 기대하면서
푸른 하늘 은하수의 별들이 재깔이는 모습을 바라봅니다

그 모습을 보고 있노라면
웬일인지 속이 상해옵니다
위선되고 거짓된, 진실 없는 군상들의 모습을 내려다보며
비웃는 것 같기 때문입니다

별들의 지껄이고 비웃는 모습이 지겨워
내일의 새아침을 목마르게 기다립니다
내일이라는 이름에
희미한 희망을 걸고
내일의 믿음을 가지고……
내일을 기다리며
오늘이라는 여기까지 버티어 왔습니다

후회(Repentance)

나는 나는 바보같이 살았습니다
허물 많고 실수 많게 살았습니다
어찌 그리 한 세월을 살아왔는지
이제 와서 생각하며 후회합니다

나는 나는 바보같이 살았습니다
나약하고 어리석게 살았습니다
빠른 세월 허송하며 살아왔기에
지난날을 생각하며 후회합니다

나는 나는 바보같이 살았습니다
욕심 많고 인색하게 살았습니다
철이 없는 바보 같이 살아왔기에
천사같이 아름답게 살으렵니다

독백(Monologue)

상처 안고 쓰다듬어 살았습니다
아픈 가슴 어루만져 살았습니다
힘든 세월 어찌 그리 버텨왔는지
나는 내가 장하여라 생각합니다

우여곡절 험한 세상 살았습니다
온갖 시련 겪어가며 살았습니다
굽힘없이 어엿하게 살아왔기에
나는 내가 장하여라 생각합니다

모진 바람 북풍한설 헤쳐오면서
우뚝 서서 늠름하게 오뚝이같이
향기롭고 멋이 있게 살아왔기에
나는 내가 장하여라 생각합니다

한세월 · 1

한 세월 분주히 달리고 달려
여기가 어딘지 예까지 왔다
달려온 발자취 뒤돌아보니
아득한 먼 옛날 까마득하다

우여와 곡절도 하도 많았고
가시밭 험한 길 잘도 헤쳐와
폭풍과 한설도 참고 견디어
서있는 지금이 장하여진다

인생의 할 일을 모두 마치고
석양의 해 지듯 져야 하는데……
아직도 못 다한 미련 있기에
조급한 마음은 서둘러댄다

한세월 · 2

사랑이란 냉혹한 것 머물지 않네
떠나버린 빈자리가 너무나 깊어
천지지간 무엇으로 채울 길 없어
한숨으로 채워보리 한숨짓는다

정이라고 하는 것은 더럽다 했나
평생 동안 지워 봐도 지울 수 없고
끈끈하게 남아돌아 발길 잡히니
무엇으로 지울 소냐 엉켜진 정을

한 세월은 바람 따라 천릿길 갔고
인생살이 세월 따라 예까지 왔네
낙화유수 어이하여 막을 자 없어
막대기만 손에 잡고 휘저어본다

가능성

피곤하면 쉬면 되겠지요
졸리면 누워 자든 앉아서 자든
눈을 감고 자면 되겠지요
배고프면 무엇을 먹고 마시면 되지요

그러나 가난과 빈곤은
무엇으로 채워져야 되겠는지요

가난은 나라도 구제하지 못한다 했지요
자고로 가난은 게으름에서 온다 했으니
부지런해보세요…… 잠 잘 시간 어디 있어요
힘내 보세요 두 손 불끈 쥐고……
용기를 잃지 말고…… 달려보세요

두 주먹 불끈 쥐고

남이 잠잘 때 같이 자지 말고
남이 놀 때 같이 놀지 말고
맨발로라도 열심히 뛰어보세요
두 주먹 불끈 쥐고 뛰어보세요

가난의 딱지가 떨어져가고
훨씬 더 행복은 성숙해지지요

낙심하고 좌절하지 마세요
인간의 힘으로 해결 안 될 것 없잖아요?
게으르지 말고 부지런해보세요
바보같이 왜 술에 매달리고 딴짓을 해요
왜 걱정만 한숨 쉬고 늘어놓고 있나요
빨리 툭툭 털고 일어나 달려보세요 지금 곧……
용기 있게 두 주먹을 불끈 쥐고 달려보세요!

나이의 틀 속의 인생

험한 세상 한 세월을 살아왔습니다
나이라고 하는 틀 속에 갇혀……
꼼짝 없이 못 박힌 틀 속에 갇혀
꼼짝달싹 벗어날 수 없는 틀이었기에……
뛰쳐나오지도 도망칠 수 없는 틀 속에서 살았습니다
나이의 틀 속에서 벌레처럼
꿈틀거리며……
겨우…… 예까지 기어왔습니다

막대기로 마음껏 휘저어 봐도
걸리는 것 아무 것도 하나도 없이
틀 속에 얽매이고 갇혀있기에
그 속의 인생이 자꾸만 불쌍해지고
나 역시 틀 속에 갇혀있기에
어이할 바 모르며 살아왔지요……
나이의 틀 속에 굼벵이처럼
뒹굴어가며……
겨우…… 예까지…… 굴러왔습니다

내일이 찾아와 용기를 준다

한 많은 세월 속에 매달리어 살아왔기에
이런 일 저런 일…… 우여곡절 속에서
세상살이 힘에 겨워 주저앉는다
그리고는
모래알처럼……
세파에 밀리고 맥없이 밀려
산산이 부서지고 흩어진 마음……

모래성은 조각나 허물어지고
어이할 바 가이 없어 흩어진 마음
살살 달래 쓸어 모은다
가슴에 손을 얹고 어루만지며
토닥토닥 또닥또닥 달래노라면
깊은 밤에 흠뻑 빠져 꿈길 날은다
그리고는……

내일이 찾아와 용기를 준다

울지 마라

울지 마라 웃고 살자 울긴 왜 울어
머리 들고 하늘 보라 희망 보인다
이러구러 쏜살같이 달리는 세월
울고불고 허송 말고 내일에 살자
어엿하고 씩씩한 날 찾아오리라

울지 말고 걱정 말고 세월을 타고……
살다 보면 좋은 날도 찾아오리다
용기 있게 날개 달고 창공을 날아
저 멀리 행복 찾아 날아가보자

시기 질투 미움에 울지를 말고
모두모두 끌어안고 사랑주어라
참된 평화 찾아와 꽃을 피우고
믿음의 꽃 열매 맺어 행복하리라

추억이 몸부림치면

추억이 찾아와 몸부림치면 마냥 괴롭습니다
가던 길을 멈추고 뒤로 돌아 추억 따라 나섭니다
더듬더듬 아련한 길 낯익은 길 골목길들……
한참이나 오던 길을 뒤돌아서 가노라면은……
인생살이 살아오며 무심코 버리고 흘려 지나간
부스러기 주섬주섬 주워봅니다

버리고 흘리고 지나갔던 부스러기들이
지금에 와 주워 들면 눈이 부신 보석 같고요
찬란하게 반짝이며 나를 반기옵니다
손에 든 채 눈물은 쏟아집니다
애절하게 찾아와 몸부림치던 추억은
조용히 눈물 젖어 흐느낍니다

주워온 것 이것저것 만지노라면
아쉬운 채 먼동은 어김없이 다시 터오고
추억은 줏어온 보물들을 쓸어안은 채
어제와 함께 사라져 떠나버리고
오늘만 허전과 함께 남아 있어서
허무를 머금고 눈을 부빈다

내가 무엇이 될꼬 하니

어두운 밤 비추는 달님 되어서
어둔 마음 환하게 비추어주고
구석구석 비추어 희망 안기며
그늘진 곳 찾아가 힘을 보태리

푸른 하늘 은하수 물결 되어서
불행한 곳 파도쳐 행복 안기고
우울한 곳 찾아가 눈물 씻기며
병든 곳에 쾌유를 안겨주리라

반짝반짝 빛나는 별님 되어서
길을 잃은 나그넷길 길 찾아주고
소망 없는 인생들 새 소망주며
별빛 같이 빛나게 살게 하리라

꿈을 뒤진다

세월 타고 가버린 꿈을 뒤진다
태산보다 많고 많은 숫한 꿈들이
보일 듯이 잡힐 듯이 아물거린다
달려가서 잡고 보면 허무뿐이라

사랑 남겨 가버린 꿈을 뒤진다
울다가는 웃고 웃다가는 울어버린
그리도 사연 많고 한도 많았던 꿈……
꿈을 뒤져 꺼내보면 허전뿐이다

정을 남겨 가버린 꿈을 뒤진다
밤새껏…… 이리 뒤척 저리 뒤척거리며……
뒤적뒤적 뒤지어 들쳐보면은
정에 묻은 한숨만 끈적거린다

고독의 해법

고독을 씹는다 했습니까
나는 고독을 마시고 있습니다

고독은 죽음에 이르는 병이라 했습니까
나는 이미…… 그……! 병에 면역이 되었습니다

고독은 시를 쏟아낸다 하셨습니까
나는 벌써 수백 편의 시를 써냈습니다

고독은 염병이라 말하셨습니까
나는 고독의 염병에 평생을 괴로웠습니다

고독도 면역성이 생기나봅니다
"고독의 백신"도 효력이 있나봅니다

고독은 사랑이 약이라 했습니까
오히려 나는 약으로 인해 죽을 뻔 했습니다

조용히…… 고독 속 깊이에 숨겨 있는
「샤프란」의 꽃향기를 맡아보세요

영혼의 갈망

고달픈 나의 영혼 편히 쉬길 원하네
자유로운 세상에서 평화를 누리며……
푸른 하늘 두둥실 자유 즐기며
뭉게뭉게 뭉게구름 흰구름처럼

피곤한 인생살이 참된 행복 원하네
무궁한 환상 속에 행복을 만끽하면서
천사처럼 훨훨 하늘을 날아
꿈을 찾아 님을 찾아 날아보련다

심장이 쿵당쿵당 뛰고 있는 동안만은
찬란하고 아름다운 에덴에 살고 싶소
잘난 것도 못난 것도 없는 파라다이스
사랑하는 사람끼리 모여 있는 곳

다짐

가난할 수도 있어요
병들어 아플 때도 있고요
낙심할 때도 있어요
슬플 때도 있고요
실패할 수도 있어요
불행할 때도 있고요
외로울 때도 있어요
보고 싶을 수도 있고요
그리워질 때도 있어요
마음이 시려올 때도 있고요
시련당할 수도 있어요
억울함도 있고요
마음 아픔도 있어요
마음의 상처도 생기고요
죽고 싶을 때도 있어요

그러나 마음의 허약을 저만치 물리치고……
이를 악물고 외쳐 봐요
보람 있게 살리라……! 뜻 있게 살리라……!
두 주먹을 불끈 쥐고 굳게굳게 다짐을 해봐요…….

▲ 동경 유학시절

2부 사랑시
네가 있는 밤

사랑의 변덕 · 1

사랑은 불꽃으로 찾아도 오고
때로는 미풍되어 봄바람 타고
살며시 숨어들어 찾아도 오니
뉘라서 막으리오 물리치리오

사랑은 눈물인가 한숨이런가
도대체 사랑이란 무엇이기에
사람의 마음만을 흔들어놓고
모르는 체 저만큼에 가벼리는가

사랑은 꽃이련가 가시렸던가
가시에 찔린 상처 달래노라면
세월은 달음질쳐 보이지 않고
시든 꽃 한 송이만 남아 있고야……!

사랑의 변덕 · 2

어둔밤 언제까지 머물지 않고
이제 곧 새 아침이 밝아오리라
흘리는 눈물 닦고 기다려봐요
환하게 웃는 얼굴 보게 됩니다

사는 것 힘겨워도 낙심치 말고
가는 길 험하여도 힘을 보태어
꿋꿋이 어엿하게 살아가봐요
새로운 보람찬 날 시작됩니다

불행과 겨루면서 싸우지 말고
불행을 달래면서 같이 가봐요
불행은 사라져 간 곳이 없고
행복이 따라나서 동행하지요

달려온 세월

사랑하면 모두모두 시인이 돼요
사랑하고 있는 동안 문학인 되죠
사랑이란 무엇인지 나도 몰라요
사랑타고 둥실둥실 시가 나와요

사랑할 땐 모두모두 어린양 되고
사랑 머문 동안에는 순박해져요
사랑 하나 바라보며 열심히 달려
지금에 와 머문 곳은 주름진 얼굴

사랑 따라 달려온 길 태산과 준령
사랑 믿고 동행한 길 우여와 곡절
시가 있고 문학 있어 끌려온 세월
고달프고 피곤한 몸 쉬어 가리라

꿈을 타고 달려가

사랑 사랑 사랑둥이야
네가 간 곳 어드메이기에
어느만큼 멀리 멀리 숨어 있기에
대답 없는 세월만 흘러서 가고

손끝에 어루만져 쥐었던 사랑
아무리 손을 저어 휘저어 봐도
큰 소리로 이름 불러 목청 높여도
간 곳 없이 사라져 보이지 않네

천리만리 타향 먼 곳 있을 지라도
머문 곳이 어느멘지 알기만 하면
바람 타고 달려가 만나보리라
꿈을 타고 달려가 만져보리라

네가 있는 밤

너의 숨결이 느껴지는 밤
나도 그 밤을 찾아가리라
그리고……
너의 숨결에 호흡을 맞추어
듀엣의 숨결을 높여보리라

사랑은 영원한 약속이기에
흘러간 과거의 그늘 밑 찾아가
무릎을 맞대고 어깨를 나란히 한다
영원한 약속이 진실했기에
과거를 오늘에 모시어온다

세월은 마구잡이로 흘러갔어도
너는 어이 변한 모습 하나 없구나
어이타 나 홀로 변하였는가
가슴 시려 너의 모습 먼발치 본다

생글생글…… 방끗방끗 눈웃음치며
까딱까딱 고갯짓 변함 없어라

아기를 달래가며 이야기하듯이
긴긴 밤 다가도록 이야기한다
떠나버린 과거를 부둥켜안고
되돌아 가고 싶어 몸부림친다
가엾게 한 세월 살았는가 싶어
가슴은 아니 벌써 뜨거워지고
가눌 수 가이 없는 눈물 어린다

호수 같은 검은 눈동자에는
아아, 아직도 마르지 않은 채
젖어있구나
사랑의 내일이 다시 오시면
젖은 눈 말리어 드리오리다
정녕 젖은 눈 말리어 드리오리다

고운님 모시고

어두운 세상길에 나는 나는요
당신님 발밑에 등불이 되어서
지겨운 겨울밤 밤길 비추어
복사꽃 피는 봄을 맞게 하리라

대지의 겨울은 얼어 떠는데
마음의 겨울은 더욱 추워요
당신님 내 곁에 계시옵시면
대지도 마음도 모두 녹아요

고운님 모시고 가는 길에는
가시밭 험한 길 마다하리오
매서운 칼바람 분다 하여도
내 어이 멈추리오 달려가리라

그리워

아련하게 그리움이 젖은 채 있다
세월 흘러 수도 없이 흘러갔어도
깊고 깊은 가슴 저쪽 깊은 곳에서
그리움만 남아 있어 가슴 시리다

지워지지 아니 하고 배어 있기에
잊을 길이 가이 없어 비틀거린다
어지러운 한 세월 못내 그리워
축축하게 배어있는 가슴 달랜다

휘청휘청 휘청걸음 휘청거리며
끈끈하고 끈적이는 정이 있기에
젖어 있고 배어 있는 사랑도 있어……
한 세월을 버텨가며 살아왔겠지……

애가(Lamentations)

너는 어찌 그리도 아름답게 태어났느냐
술람이의 여인 같게도 흑진주의 보석 같게도
반짝이는 별빛 같게도……!

너는 어찌 그리도 향기롭게 태어났느냐
꽃중의 꽃 백합 같게도 라일락의 향기 같게도
하늘나라 천사들의 향을 지닌 채……

너는 어찌 그리도 천사 닮아 태어났느냐
마음마저 천사 같게도 웃는 얼굴 천진하게도
높으신 분이 내려주신 선물이더냐……

너는 어찌 예의범절 깎듯하고야
구중궁궐 공주마마 예의 같게도
세월 가도 흐트러짐이 가이 없어라

눈물

울어 울어 울어 눈은 흐리고
시려 시려 시려오는 가슴 달래며
흐느껴 그의 이름 불러봅니다

세월 네월 흘러 흘러 마구 흘러도
가신 님 기다려 여전한 마음
사랑은 도대체 무엇이길래
색깔마저 변치 않는 천연의 오색

보고 보고 보고파서 눈물 어리고
가신 님 야속해 짜증 부리면
고독이 찾아와 마음 달래고
자장가 불러주며 잠을 재운다

너, 그리고 나

네가 추워 떨고 있으면
나는 네 곁에 장작불이 되어 활활 타리라
네가 쏟아지는 비를 맞고 있으면
나는 우산이 되어 활짝 펴주리라
네가 더위에 지쳐있을 때
나는 시원한 바람이 되어 네 곁에 머물러 있으리

나는 네가 필요한 무엇이든 되어
자나 깨나 너의 곁을 맴돌 것이다
울지 말고 눈물 거두어 보라
울기는 왜 울어 바보 같기는……
아리랑 인생의 고개 넘으면
사랑이 만발한 에덴이 있다

네가 늙어 허리가 굽을 때에는
나는 너의 지팡이 되어 버텨주리라
네가 병들어 고통당할 때
나는 명의가 되어 네 곁을 지켜주리라

네가 마지막 운명의 언덕길 헐떡거릴 때
나는 너의 수호천사 되어 지켜 머물다
손에 손 잡고 자유의 창공을 훨훨 날아
천국 가는 길에 동행하리라

나, 오늘 여기에

어쩌다 옷소매 스쳐가듯이
스쳐서 지나간 수 없는 사랑
하숙집 머물듯 머물던 사랑
이 밤도 아련히 아물거린다

세월은 흘러도 못 잊을 사랑
십자가 굵은 못 못질하듯이
가슴에 못 박혀 뽑히지 않는
'순애보' 첫사랑 누가 잊으랴

인정도 사정도 속절도 없이
달리고 달려간 세월에 놓쳐
가슴은 아리고 저려오지만
나 오늘 여기에 존재하노라
그대 지켜 기다리는 망부석 되어……

사랑의 변덕

사랑은 무서운 것 정말 무서워
쌓이고 쌓이는 눈덩이처럼
원망과 야속함이 쌓이고 나면
활화산 터지듯이 터질 때 온다

사랑은 훨훨히 불붙는 용광로인가
이글이글 불붙다 내던져지고
남아 있는 쇳덩어리 아무 말 없이
이 구석 저 구석에 널부러진다

사랑은 황홀하고 찬란한 무지개런가
목이 메어 울고 난 슬픔 뒤에서
색동옷 갈아입고 얼굴 내민다
사랑은 변덕쟁이 어이 믿을꼬……

보고파

보고파 자꾸만 보고파 참았던 눈물
그립고 또 그리워 목은 메이고
오던 길 뒤돌아서 다시 달려가
옛날을 만져보며 안아봅니다

구름아 잠시 잠깐 멈추어 나를 태워라
바람아 불어 불어 구름 날려라
그 옛날 그 시절로 다시 돌아가
철없이 살고지고 게서 살아보리라

가슴골 깊은 골짜기엔 눈물 고였고
세월은 바쁜 걸음 달음질친다
하루가 여삼추라 갈 길 바쁜데
서산에 기우는 해는 누가 막으리

사랑 · 1

그리도 애지중지 아끼고 아끼어
마음 저쪽 숨결 깊은 곳에
싸매고 옥매여 고히 숨겨 놓은……
비단 보자기에 싸매어 두었던
사랑의 옛 이야기들
강산도 수십 번은 변했건만은

사랑……!
너만은 아직도 눈부신 보랏빛……
변함이 없구나……

그토록 진했던
국향(菊香)의 내음마저도
변할 줄을 모르는 채…… 향기 날리고
숨겨놓은 눈부신 사랑의 보배
숨 쉬며 기나긴 밤 한 세월을……
어이 그리 버티어 지내왔는고……!

註 : 사랑에 나오는 '기꾸(菊)'는 동경유학시절의 첫사랑이다. 때로는 '국향
(菊香)'이라고 표현도 해보고 다양하게 표현해본다.

사랑 · 2

너만은 독야청청……!
아……, 이 풍진…… 기고만장……한 세월에도
변함없는 고요함의 그림이어라
국향에 업히어 옛날을 간다

어이하여 그 옛날은 변함 없는지……
어이하여 순진함이…… 간직되어 있는지……
쏜살같이 이곳저곳…… 구석구석이
어찌하여 시곗바늘 멈추어 있는지……

황급한 세월 속에 모두가 변했건만……
멈추어진 그림에 눈물 어린다
멈추어진 시곗바늘 나를 울린다

사랑 · 3

사랑의 그림은 영원한 것이었던가……?
바랠 줄도 모르고…… 퇴색조차 모르는……
향기마저도 진한 채 남아 있기에……
도대체 사랑이란 그림은 무엇이기에
강산도 세월도…… 모두가 달음질쳤어도……

유독 너 홀로만 남아 있어서
독야청청 싱그럽게 남아 있고야
가슴을 파고드는 고요한 향기……
가슴에 안겨드는 고독의 향기
변할 줄을 모르는 「젠」의 향기여라

註: 젠(Zen) - 일본 상류계급 여인들이 쓰는 고급 향수의 이름. 지금도 공항 면세점에서 판매되고 있다.(시세이도 회사 제품)

사랑 · 4

너는 나의 무엇이길래……!
발길에 채이고 밟히면서도
평생을 그림자인양 따라 나서느냐……?
추울 때나 더울 때나 시도 때도 없이……
그러기에 북풍한설 추울 때에는
염려와 걱정되어 품에 안는다

사랑아……
너는 무엇이기에……!
갈보리 언덕길의 십자가인양
등에 지고…… 가슴에 품고…… 멀고도 긴……
인생여로를 가야하는지……?

사랑의 정의는 십자가일까……?
사랑의 진실은 품고 가는 것일까……?

사랑 · 5

사랑은 핏줄 따라 맥박을 따라
사령탑 높은 곳에 올라가 앉아
생각도 행동도 영원하자 하는고야
그리고 밤이 오면…… 깊은 꿈속을……
같이 날아 두둥실 떠다니자 하는고……?

사랑할 때 마음에 평안이 오고
사랑할 때 마음의 행복이 온다
사랑은 나의 무엇이길래…… 네가 누구이기에
나의 기쁨…… 나의 힘……
영원한 동행자…… 되고 있는지……

그리고 살아 같이 숨 쉬자 하는고 있는지……!

사랑 · 6

동그라미 둥근 달의 마음 그리면
시작도 끝도 없는 사랑의 그림
시작 없고 끝도 없는 사랑의 모양
동그라미 그 안에서 사랑은 돈다

동그라미 눈동자에 사랑은 시작되고
곱고 고운 둥근 눈엔 사랑이 웃고
검고 검은 눈동자엔 사랑이 울고
동그라미 그 안에서 사랑은 울고……

굴렁굴렁 굴렁쇠가 땍대굴 굴러가듯
크고 작은 사랑들이 굴러서 간다
귀한 사랑 천한 사랑 뭉쳐서 돈다
잊지 못할 첫사랑은 저 멀리 돈다

그의 존재

그가 하늘 아래……
살아 숨쉬고 있기에
나…… 예까지……
버티고 살아왔나 보다

그가 하늘 아래
존재하고 있기에
나 역시
하늘 아래 존재하고 있나 보다

그의 존재가 나의 존재였고
그의 숨결이 나의 숨결 되어
맴맴 돌고 돌아
예까지 왔는가 보다

그가 세상에 존재치 아니 한다던가
나 역시 세상에 존재치 아니 한다면
천부당만부당한 일이 아닐 수 없다
마음먹거나 생각조차 해보기 싫은 이야기다

나 여기에…… 그는 바다 건너에……
존재하고 있다는 것만 생각한다
그렇기에
나……, 예까지 달려서 왔다

어리석고 미련하게…… 그런 생각은……
죽음은 왜……?
죽음은 왜 생각해……
바보 천치도 아니면서……!

아련한 꿈속에서라도
실상이 없는 희미한……
희미한 환상과 망상 속에선들
헤어짐이나 이별 따위를
죽음의 만부당의 처참을
정신분열자 같이
고장 난 시계의 초침 같이
마구잡이로 생각하고 망상하지는 않으련다

망상을 떨쳐버리고 살아왔기에
나……, 예까지 버티고……
존재하고……
영원을 바라보며 살아가고 있나 보다
오늘도 내일도 영원히……

같이 웃고 같이 울고

꽃이 피면 같이 웃고
꽃이 지면 같이 울고
우리는 같이 웃고 같이 우는
살 중의 살이었고
뼈 중의 뼈가 되어
마음도 하나 생각도 하나

달이 뜨면 같이 웃고
달이 지면 같이 울고
우리는 같이 웃고 같이 우는
너도 없고 나도 없는
둘이 아닌 오직 하나
한 곳을 같이 보는 하나

밤하늘의 별들의 가족
오순도순 한데 모여
반짝반짝 정담 나누면
우리는 그곳에 같이 묻는다

별 하나 별똥되어 떨어져 사라지면
우리는 같이 애석해 슬퍼했고
잃어버린 가족 찾아 반짝이면은
우리들도 한마음 한뜻이 되어
흘러간 곳 찾아서 눈을 맞춘다

사랑을 대답하여 드리오리다

사랑이 무어냐고 물으신다면
사랑은 아름답다 대답하리라
사랑은 곱디 고운 무지개라고
마음껏 힘을 다해 말하리이다

그리고 다시 한 번 물으신다면
백합의 향기라 대답하리라
'샤프란'의 꽃이라고 대답하리다
사랑만은 진실이라 말해드리죠

사랑이 어떠하냐 물으신다면
사랑은 활활 타는 불꽃이라고
다 타고 남은 것이 하나 없어도
사랑은 진실하게 남아 있다고……

자꾸만 생각이 나서

못 잊어 못 잊어 자꾸만 생각이 나서
그리움에 못 이기어 눈을 감아봅니다
가슴 깊이 사무침이 파도 같이 밀려와
방파제에 마구마구 부서지듯……

마음은 산산이 조각납니다
못 잊어 못 잊어 눈을 감으면……
때로는 살며시 찾아와 노크합니다
입가에 볼우물 미소 지으며……
살짝이 사뿐히 찾아와 노크합니다
조심조심 몸 낮추어 노크합니다

못 잊어 못 잊어 생각해보면……
예의범절 빈틈없는 겸허한 자세
맑은 햇살 눈부시듯 황홀하였고
진한 정성 가슴 안고 찾아올 량엔
살얼음판 걸어오듯 찾아옵니다

옛날이 눈에 어리어

하이얀 눈이 덮인 고향 마을은
인기척 하나 없이 적막 흐르고
삽살개 누렁이도 숨을 죽인 채
하얀 밤 지켜보며 잠을 청한다

눈망울 초롱초롱 반짝거리고
입가엔 방긋방긋 미소 지으며
서로가 조잘조잘 조잘거리고
하얀 밤 내려보는 별들의 동리

이러한 옛날 밤이 찾아오면은……
책들과 씨름하듯 씨름질쳤고
장래를 꿈꾸면서 밤과 싸우며
시간에 매달리어 애걸을 했죠

어언간 한 세월은 저만큼 가고
뿔뿔이 가족들도 저 멀리 갔고
지금은 텅 빈 집에 나 홀로 남아
가버린 옛 시절을 뒤적거린다

가버린 갈피갈피 뒤지노라면
코끝은 찡해지고 가슴 시리고
그리운 사람들이 주마등 같이
마음을 툭툭 치며 사라집니다

지금은 어느메에 계시온지요
순애보 첫 사랑도 남아 있고요
어찌들 살아가고 있는가 싶어
조용히 머리 숙여 기도드리죠

돌이켜 한세월을 뒤지노라면
모두가 허물 많아 후회됩니다
이 땅에 다시 한 번 태어난다면
후회 없는 한 세월을 살아보련다

註 : 작시자는 어린 시절을 일본 동경에서 보냈다. 상류사회의 딸 기꾸(菊)
　　와 첫사랑에 눈을 뜨고 평생 눈에 어리어한다.

사랑노래 부르면서

한치 앞도 내일 일도 나는 알 수 없어요
만물들이 잠이 든 밤 이 밤 일도 몰라요
무슨 일이 일어날지 나는 알 수 없어요
높으신 분 의지하고 나는 살아갑니다

봄이 오면 피고 지고 가을 오면 낙엽 지고
우여곡절 하도 많은 자연계의 끝자락
처량하고 애달픔은 어디에나 숨어 있고
인생살이 한 세월도 고달프고 애처로워

잠시 잠깐 사는 세상 사랑 안고 살으오리
가을 오면 낙엽 지듯 가면 다시 못 올 인생
욕심일랑 내려놓고 훨훨 날며 살아보세
하늘 가는 밝은 길에 사랑노래 부르면서

3부 고향시
꿈을 타고

나의 어머니

어머니 나의 어머니 그립습니다
잠시도 쉬는 날 없으셨던 나의 어머니
그토록 마음이 편할 날 없으시었던
고마우신 나의 어머니 그립습니다

아련히 남아 맴도는 어머니 모습
고생을 낙으로 삼으시고 사신 어머니
가난한 살림살이에 주름 잡히신
훌륭하신 나의 어머니 보고파져요

어언간 세월은 흐르고 세월에 밀려
훌훌이 떠나가신 후 빈자리만 크게 남겨
불효자 가슴에는 한이 맺히고 눈에 어리어
어머니! 하고 목이 메어 불러봅니다

실향(失鄕)의 고향(故鄕)

고향! 고향은 나를 품어주고 나를 키워준 어머니의 품!
싱그럽고 향기로운 고향의 내음……
그러기에 자나 깨나 마음은 고향을 달린다
벌 나비들 꽃향기 찾아 천릿길을 날아가듯이……
연어들이 고향을 찾아 천만릿길 목숨 걸듯이……

고향!
고향 가는 길은 힘겨워도 마냥 흥겹다

아아, 고향! 고향은 마냥 그리웁고……
꿈길에서조차 달려만 간다
망향의 그리움 가슴에 품고……
나, 오늘 예까지 이를 악물고……
마음을 달래가며 달려왔노라

오늘밤 가보리라 삼팔선 넘어……
꿈 타고 가보리라, 실향의 고향!

전선야화(戰線夜話)
- 三八線을 지키는 三代

칼날처럼 날선 바람 매서운 바람
눈보라 뒤엉켜 뺨을 스치고
날카롭고 매서운 바람 소리에
어머님의 따스함이 그리워진다

할아버지 지키시던 전선 철조망
아버지도 총대 메고 지키셨던 곳
아련하게 맴도는 할아버지며
총대 메신 아버지가 눈에 어린다

매서운 한파도 용맹 떨치고
몰려오는 적인양 매서운 바람
추위하고 싸우는 삼대 째 병사
조국 지켜 나 오늘 여기에 있다

밝아오는 통일의 날

서로서로 의지하고 서로 도우며
서로서로 등불되어 밤길 밝히고
캄캄한 길 비춰주며 내일 기다려
한 핏줄 한 민족임을 잊지를 말자

눈물 근심 골짜기길 헤쳐 나가자
서로 눈물 닦아주며 위로해주며
마음 주고 사랑 주며 손에 손 잡고
내일의 통일을 기다려보자

언젠가는 열리리라 동토의 문이
부모 형제 뵈올 날도 멀지 않았네
고향 만리 달려갈 날 내일이런가
얼싸안고 통곡할 날 내일이 온다

꿈길에 찾아본 고향

그리워 못내 그리워 달려가본다
창가에 불빛마저 숨어버리고
덩그런 빈집 같이 적막 흐르며
휘영청 진한 달빛 장독 밝힌다

장승을 세웠는가 발길 멈추고
목석도 따로 없다 굳어버린 듯
혹시나 잠든 소리 새어 나올까
깊은 밤 이슬 젖어 망부석 된다

쓸쓸히 돌아서는 패자의 모습
쇳덩이 달렸는가 발이 무겁다
가까이 보이는 집 천릿길이다
밤새워 돌아오니 동창 밝구나

꿈을 타고

그립고 그리워 마냥 그리워
꿈 타고 훨훨히 날아갑니다
추억이 범벅된 철없던 시절
깨지고 터져도 고향이 좋아

고향의 동무들 이름 떠올라
허공을 향하여 이름 부른다
메아리조차도 대답이 없는
철로길 뛰둑뛰둑 걸어봅니다

추억이 묻은 길 마당길 따라
돌부리 볼 차듯 차버리면서
어릴 때 놀듯이 철머리 없이
코 묻은 골목길 걸어봅니다

망향(望鄕)

그리운 고향의 산천초목들
달리던 옛길은 변함 없는지
흐르는 시냇물 고기 잡던 곳
모두가 그리워 눈물 어린다

고향은 고향은 어머니의 품
시름도 슬픔도 모두 다 함께
감싸고 보듬는 따뜻한 품속
그 품이 그리워 눈물 어린다

고향엔 고향엔 친한 벗들이
웃음도 눈물도 함께 나누며
뒷동산 언덕에 함께 올라가
장래를 꿈꾸며 힘을 얻던 곳

지금은 고향에 누가 사는지
어린 그 시절로 다시 돌아가
부모님 슬하에 살고 싶구나
뭉클한 가슴에 눈물 어린다

고향으로 달리는 기차

서울에서 기차를 타고
개성역을 지나서…… 토성역에 내려서
구름다리 올라 건너면 소철을 타게 된다

예성강 철교를 칙칙폭폭
석탄 차 힘겹게 건너 달리노라면
어느새 어린 시절을 보낸 배천역이다
배천온천 온천물도 그리워진 채
달리고 또 달리노라면 홍연역을 지나
할아버지 할머니가 반기시던 곳
연안온천역에 다다르게 된다
온천장 주인 할아버지는
그리도 장손자가 반가웠는지……
만날 때면 두둑이 용돈 주신다
소철을 달리는 힘든 기차는 연기를 내뿜으며
웩……, 웩…… 힘든다고 소리 지른다
그리고는 연백평야를 칙칙폭폭 칙칙폭폭 잘도 달린다
그 다음 정거장은 이모님들이 살고 계시고
어머님의 고향인 연안읍 정거장이다

기차는 또 힘겹게 칙칙폭폭 소리치며 달리다 보면
청단역에 이르른다
청단에는 어릴 때 같이 놀던
어머님의 옛친구들이 살고 있단다
한참이나 달리다 보면 강령역이 나온다
황해도 지방에서 착하고 선한
웃음을 잃지 않는 장로님이 살고 계신 곳이다
얼마 달리지 않은 것 같은데
아버님이 목회하시던 종착역
옹진역에 다다른다
'종착역 옹진~' 하는 소리와 함께
보따리 이고 지고 쏟아져 나온다

휴일이나 명절이 오면 버스 타고 기차 타고
모두모두 달려가는 곳 고향이 있건마는
실향민 갈 곳은 그 어느메인고?
고향 잃은 나그네
실향민 가는 곳은 그 어느메뇨

아가야 누나야 달려가보자
아버지 어머니가 그리워하시던 곳

우리들일랑 슬퍼 말고 무한 달리자
끝이 어느멘지 몰라도
그리도 그리도 가고 싶어 하시던 곳
우리라도 원도 없이 소원 없이 달려가보자
마음뿐이오 생각은 굴뚝같은데……
어언간 세월 흘러 맥 빠지고 힘 빠져
달려가고 걸어가려 작심했더니
십리도 못 가서 주저앉누나

에헤야 데헤야 진정 나 못갈 지경이 되면
내 자식 내 딸들…… 아니면 손자들 보내어
조상들이 살아오신 고향집 찾아
늦어서 죄송하다 말을 전해라
어린 날 달려가던 예배당이 있으니
거기도 찾아가 기도드려라
옛날에는 남폿불의 호야를 닦았지……

풍금에 매달려 바람 집어넣을 양이면
도레미파 솔라시도 저절로 소리낸다
고장 나면 고쳐줄 기술자 없다 하여
걱정하시던 목사아버지의 근심어린 모습
아……, 눈에 어리어 눈에 어리어
가슴이 시려오고 저려오누나

아버지……!
그때 그 풍금이 피아노를 치게 해주었고
아코디언과 하모니카를 불게 해주었습니다
그렇게 작은 풍금 건반도 꺼져버리고
음색보다도 식식거리며 숨차하던
풍금의 모습이 아버지와 함께 애처롭습니다

삼팔선이 열리는 날 제일 먼저 달려가보리라
신사참배 피하여 학교도 파출소도 전기도 없는
시골 초가집 염불리교회의 모습 마당에는 종탑이 있고……
지직 깔고 남폿불 켜놓고 예배드렸던 곳
제일먼저, 나 정녕 먼저 달려가 보리라

화덕을 피운 저녁예배 전이면 고구마 썰어서 난로 위에 얹고
난로 옆에 붙어서 동무들이랑 고구마를 구워먹던 일
아……, 어찌 그날들을 날더러 잊으라 하는가
눈 감기 전에야 나 어이 어린 시절의 고향을 잊을 길 있으리오

예배당의 재종이 울린다……
두 번째 울리는 '재종'
예배를 시작한다는 알림의 종이다
초종 칠 때 들어가 고구마 구워먹다
재종 칠 때 밖으로 뛰쳐나온다
애들하고 장난치던 일……
새끼줄에 채여 넘어져 우는 계집아이
흙 묻은 채 찍찍 울면서 집으로 되돌아가는 모습……
바로 그것이 재미가 나고
잡혔다는 승리감에 만세를 부르며 좋아했던 일……
지금 와 생각하니 마귀짓을 했는가싶어
쓴 웃음이 저절로 나온다

아무도 없는 빈방에 혼자 앉아서 어린 시적을 생각하며
하나님께 그때 그 일들을 생각하며 용서를 빌어본다

장난치던 고향이 마냥 그리워 눈물이 어느새 눈을 적신다
못 먹을 때였고 못 입던 어린 시절이었지만
나는 그때가 마냥 좋았다
어머니는 날 보고 큰사람 되라 한다
"아버지보다는 큰사람 돼야지……."
그렇게도 큰사람에 목숨을 거시고 기대를 거셨거늘
진정 어머님이 바라시던 큰사람이 되었는지?
이 밤을 가슴에 손을 얹고 반성하고 회개해본다
가슴과 염통 속에서 신음과 함께 흘러나오는……
반성과 회개……
그리고는 망향의 슬픔을 달래며……

고향

전기도 불빛도 없는 고향의 밤
어두운 밤하늘의 별빛과 달빛
어두운 밤 골목골목에
마구 쏟아져 내렸던 파아란 달빛과 별빛들……

고향의 밤하늘은 유난하게 파랬고
고향의 골목길은 유난히 좁디좁았지만
쏟아지는 별빛과 대낮같은 달빛에
마냥 걸었던 옛 고향의 골목길!
사랑노래 휘파람에 실어
신나게 불며 총총하게 걸었던 고향 골목길
아……, 이제는 도시의 공해 속에서
쏟아지는 달빛과 별빛을 잊은 채
수십 성상을 허송했는가 생각해보며……
가슴이 시려온다…… 눈물 젖는다

옛 동산…… 옛 골목…… 옛길들
눈을 감고 더듬더듬 더듬어본다
휘영청 유난하게 밝은 파아란 달빛과 별빛이
마구 마구 쏟아져내려오는 밤
오늘도 옛 고향마을 골목길을
더듬더듬 더듬어 걸어가본다

조국

조국은 나와 무엇이길래
조국은 나와 어찌된 인연이길래
그리도 못 잊어 가슴에 머무는지……
나와 더불어 영원하자 하는지……?
가슴에 사무쳐 사랑으로 남는지……?
알 길이 없는 끈끈한 정이……

다양한 내음의 조국의 맛이……
타향에 머물러 있어서인지
조국과 더불어 부글부글 부글……
찌개 끓는 소리와 함께 몹시도……
아, 몹시도……
그리워짐에 허기져온다

조국은…… 나와 어찌 맺어진……
조국은 나와의 무슨 사연이 있기에……
왈칵왈칵 가슴 문이 열리는 것일까……?
때로는 찡하고 저린 가슴 가눌 길 없다

어찌하여 이 나라만 못하였어야……?
이웃나라 종자보다야 훨씬 우월한
내 나라의 씨알이
우수한 씨알이었거늘……

싸움박질 그만하고
도둑질 그만하고
맨발 벗고 따라잡아
세계 앞에 우뚝 서는 날을……
조국아……, 기다려보자……!
나와 함께 기다려보자

아련하게 느끼는
-고향의 밤하늘

아련하게 숨어드는……
무엇인가…… 아련하게 느껴지는
나 홀로의 밤이다
적막이 흐르는 고요의 깊은 밤이다
창문 밖 밤하늘에는
별들의 동리가 엿보여진다
방긋방긋……
생끗생끗…… 활짝 웃는 별들의 얼굴들
무슨 이야기가 그리도 많은지……
밤새껏 조알조알 조알거린다

창문 밖 밤하늘을 올려다보면
아련하게 스며드는……
무엇인가 아련하게 느껴지면서
별 하나 나 하나
별 둘 나 둘을 속셈해본다

와자지껄…… 조잘조잘……
깔깔대고 웃는 별들의 동리는
웃음이 그치지 않고 이어 흐른다

아련하게 떠오르는 옛날의 밤
고향의 밤이……

고독스런 적막 흐르는 이 밤도
고향의 밤하늘을 만끽하면서
고향이 가까이 가까이 다가오고 있기에
마음이 아려…… 아려서온다

註 : 필자는 황해도 연백이 고향이다. 삼팔선이 막힌 지 수십 성상, 평생
 을 고향이 그리워 한숨지으며 시와 더불어 고향길을 달린다.

눈을 감으면

아……, 눈을 감으면……
저 멀리 가벼렸던 옛날들이
오늘에 찾아와 같이 놀잔다
지금은 늙어있을 얼굴들이지만
동안이 되어 찾아와 얼싸안는다

자치기며……
땅재먹기, 그리고 딱지치기
오늘도 소리치며 씩씩거린다
지칠 줄도 모르고 열을 올리고
가위바위보에 목숨을 건다

아……, 지워지지 않는……
아주 멀리…… 가버린 옛날 이야기
짱껜뽕에 젖 먹은 힘을 보태어
눈망울 크게 뜨고 덤벼들 온다
한 치의 양보 없는 짱껜뽕……

꿈속에서조차
아직도 누렁코는 여전히 흐르고
옷소매로 쓱쓱 닦는 버릇은 여전한데
꿈이 아닌 생시 같이 생생해지고
옷소매는 반질반질 윤이 흐른다

▲ 동경 유학시절

4부 자연시
허무의 목련(木蓮)

한라 한라의 영산(靈山)

한라 한라 한라의 영산
두둥실 뜬구름도 머물러 가고
늦가을 '신설'도 몸부림치는
한라 한라 한라의 영산

대장부의 기상을 가슴에 품고
큰 눈을 부릅뜨고 나라 지키며
백두산을 향하여 잠을 깨라 소리를 치는
한라 한라 한라의 영산

춘하추동 어김없이 깍듯한 한라의 영산
제주의 푸른 바다 기력을 받아
대한의 기상을 만방에 뿜는
한라 한라 한라 한라의 영산

註 : 신설(新雪) - 처음 내린 눈. 고향이 제주도인 친한 벗을 생각하며.

계절의 꽃

아름다운 장미꽃엔 가시 있다 했던가
쏘고 찌른 가시 있어 장미 매력 있지요
가시 없는 장미꽃은 매력 없지 않아요
진한 향기 뿜어내곤 나의 가슴 찔러요

찬란하게 피었다가 처량하게 시드는
향기 진동 매력의 꽃 백합화도 있지요
우아함과 향기로움 마음평화 옵니다
자고 나면 시들음에 가슴 아파 오지요

가을이면 코스모스 사람 유혹합니다
한들한들 간들간들 몸짓으로 불러요
아름답고 부드럽게 모두 손짓합니다
인생 가을 닮았느냐 애처롭고 처량해

허무의 목련(木蓮)

그렇게도 장장 길고 긴…… 겨울의 터널을 지나
그렇게도 지루하게 봄을 기다리다가……
마음껏 자랑삼아 피어난 꽃

그리도 끈질긴 인내를 품고
폭풍한설 나목으로 버티어 있다가……
잎새도 피어나기 전 바쁘게……
성급하게도…… 활짝 터뜨린 꽃망울
네 이름이 목련이런가……

하루 지나 이틀도 지나기 전
기다리다 터뜨린 목련의 꽃잎
바람에 휘날리어……
버틸 길 가히 없이 떨어져가는……
너의 모습이…… 아……, 너의 모습이……
세상사와 같기에……
너무나도 닮았기에……
무상하고 허무할 뿐이구나

무상과 허무를 뒤집어 쓴 채
한 잎 두 잎 사라져가는 너의 모습……
그렇게도 화려하고 고고했건만……
천사들의 흰 옷인들…… 영부인인들
어찌 너의 화려함을 따를 수 있겠으며
백옥의 화사함을 뉘라서 따를 수가 있겠느냐……

까치가 울어대는 어느 날 아침
창문 열고 문 밖을 내어다보니
눈부셨던 목련의 도도했음이……
허무하게 무너져 패전자(敗戰者) 같이
된서리를 잔뜩 맞은 양……
늙은이의 주름진 얼굴과 같이……
누렁누렁 늘어진 누더기 같이
찌들고 시들고 추한 모습은
청춘을 자랑하던 인생들 같이
세월에 밀려 밀려 밀리고 밀려
석양의 골목길 내리막에서
백발을 어루만지는 노인네 같이

너……!
어찌 며칠도 버티지를 못하고
이다지도 추한 꼴이 되고야 말았느냐?
찬바람 겨울바람 폭풍한설에
잘도 버티어 왔는가 싶었더니
이다지도 추한 꼴로 시들 바에는
차라리 나목의 어엿함만 못하였느니라

겨울을 버티어 참아온 네가
모진 바람 찬바람의 폭풍 속에서
끈질기게 버티었다가 모처럼만에 활짝 피어
우승자 면류관의 화려함 같이
전승한 황제의 보석 빛나는 왕관 같이
그리도 멋있게 활짝 웃으며
봄이 오는 길목에 피어나더니
몇 날이 못 되어 패잔의 남루한 옷을 보이느냐

아……, 인생의 무상함이 여기에 있다
목련화야……!

며칠도 못되어 추한 모습이
세상사는 모습과 다름없기에
망가져가는 지구 위에 살고 있는 자신의 초라함이……
영원한 천국을 사모하게 되나 보구나

가을의 계절

가을 가을 가을의 계절이 오면
쓸쓸한 낙엽과 함께
백과는 무르익는구나
인생의 가을 가을도
백과와 함께 무르익어가고……

가을 가을 가을의 계절이 오면
솔솔솔 가을바람이
인생의 가슴속 깊이
문을 열고 파고 들어와
가을과 함께 단풍들게 하고……

가을 가을 가을의 계절이 오면
고독한 낙엽과 함께
국향이 진동하누나
인생의 가을 계절도
국향과 함께 향기 진동했으면……

선구의 매화(梅花)

숱한 꽃 중의 선구자여라
만고의 이름마저 아름다웁고
일편단심 절개 지녀 꽃이 되었고
숱한 여인들의 선망의 아름다움은……!
매화…… 매화…… 매화……
향기로움은 멀리서……
겨울잠 자던 봉첩들을 불러 깨우고
멀고 먼…… 그리도 먼~ 길을 어이 알고 날아왔는지……?
날아와 안기는 봉첩의 여인……

아리따운 여인의 꽃 매화……
꽃 중의 선구자 매화……
어엿하고 늠름한 강인한 모습
화사한 아양으로 봄을 부른다

대지에 백설이 만건곤해도
앞 다투어 피어나는 어엿한 모습
장하여라 활짝 웃는 너의 모습이
가을의 끝자락을 장식하는
국화꽃만 같기에……

밤이 찾아들면

밤이 찾아들면 아아~ 밤이 찾아들면
별나라 동리마다 불을 밝힌다
은하수 물결 따라 노래 부를 때
풀벌레 피리 들고 달려나온다

밤이 찾아들면 아아~ 밤이 찾아들면
사방은 적막 따라 고요 흐르고
고향길 눈을 감고 달려가 보면
긴 세월 흘렀기에 아는 이 없네

밤이 찾아들면 아아~ 밤이 찾아들면
어언간 긴긴 세월 흘러 가버려
예까지 바쁘게도 왔는가 싶어
나그넷길 더듬어 눈물 짓는다

가을

가을은 마음껏 즐기는 계절
은행잎은 노랑이 터져 물들고
화염도 아니며 불꽃도 아니고야
수줍어하는 열아홉 살 처녀의 볼……
홍당무가 되어 수줍어하는 처녀……
그……! 처녀의 물든 얼굴보다는……
열아홉 배나 더 되는 단풍의 수줍음이
가슴속 깊이에서 '와……' 하고
터져나오는 환호를 받는다

가을은 갈 생각이 없는가 보다
겨울이 너무나도 성미가 급해……
서둘러 소리쳐 다그치는 바람에
가을은 성깔이 난다
빨그랑…… 푸르랑…… 부르르르 몸서리치며
숨가쁘게…… 쌕쌕쌕, 쌕쌕거린다……!
온통 쫓기는 분노에 취하여
새빨갛게 약이 올랐나 보다
단풍은 쫓기어 마지막을 가면서도
색색이가 담긴 물감 통을 뒤엎고 간다

달과 별……, 그리고 너와 나!

별들이 왁자지껄 떠드는 밤
차디찬 밤하늘을 찾아드는 달……
모진 세월 뜨고 지고 홀로 찾아와
밤새껏 뜬 눈으로 기다리다가
외로운 길을 떠나 사라져간다

모질게도 차가운 밤 추위 떠는 밤
차디찬 모진 바람 볼을 때리고
달님을 전송 나온 별들이 흐느낄 때면
그리움이 파도치며 소리지른다
나 여기 눈물 젖은 달님과 함께 있다고

인정머리 하나 없는 냉혹한 세상
차디찬 한 세월에 떠밀리어서
화려했던 그림 찾아 예까지 왔다
파아란 풀잎의 이슬 닮아서
유난히도 반짝였던 검은 눈동자
숨 가쁜 언덕 위에 홀로 서있는
석양의 지는 해 그림을 본다

지구도 나이 먹어

지구도 빙글빙글 돌고 돌다가
나이 먹고 늙어지니 지쳤나 보다
그렇게도 예의 범절 깍듯했건만
제멋대로 주책 떨며 헐떡거린다

제놈도 별 수 없지 세월 따라서
늙은 몸 어이 하랴 처량하구나
찜통 메고 삐딱걸음 위험하다 했더니
기어이 찜통 엎어 엎질렀구나

사방천지 덥다 춥다 난리가 났네
지구마저 늙어지고 헉헉대고 있구나
어느 곳에 무엇을 엎지르는지
믿을 놈 하나 없네 지구마저도

註 : 지구도 나이 들고 망령(노망)끼 보이기에 두려움이 앞선다. 무슨 짓을
할런지…….

으악새, 그리고 달님

으악새 갈대밭을 걷노라면은
바람과 소곤대며 귓속 이야기
무엇이 그렇게도 사연 있기에
잠시도 쉬지 않고 소곤대는고
정다웁게 부비면서 으악거리노

으악새 갈대끼리 엉키고 엉켜
스킨쉽 비비면서 사랑나눈다
바람이 시샘했네 세게 불면은
으악새 갈대들은 소리지른다

으악새와 갈대는 형제이련가
깔닥 마른 몸매에 백발 휘날려
꽃 한 송이 피어본 적 아주 없도다
젊어서도 백발이요
늙어서도 백발이다

으악새와 갈대들의 운명이련가
비련이련가……
오늘도 내일도…… 아니 영원하게

얼굴들을 부벼대며 소슬거린다
갈대와 으악새 으악거리며 실실거린다
밤새껏 울어 옌다……!
밤이 오면 밤하늘은 진한 코발트
온통 코발트의 융단을 깔고……
귀하신 님 맞이할 채비를 한다

밤하늘의 별들도 마중나오고
은하수에 두둥실 실려온 님은
아름답고 황홀한 달님의 모습
파도치는 바닷가 끝자락에서
우레 같은 박수갈채 그칠 줄 몰라
그러그러 밤하늘은 깊어만 가고……

코발트의 융단은 조용히 걷혀
달님은 어디론가 자취 감추고
달님은 하루 종일 보이지 않네
고요하고 푸른 하늘 밤이 올 때까지……!

註 : "으악새"는 갈대와 비슷한 풀의 이름이다.

만추(晩秋)의 낙엽(落葉)

늦가을 뒹구는 낙엽의 모습
분홍색 빨강색 노랑색 갈색들이
한데 어울려 바람을 타고
덩실덩실 자유의 춤을 춘다
유채꽃처럼 피어오르는
먼 훗날을 기대해보는 꿈을 안고서……

계절이라는 엄숙에 묶이어……
마치 고된 시집살이 같이
그도 아니면 엄처시아 같이
꼼짝달싹 묶이어 자유함 없이
시베리아 찬바람이 찾아올 때면
그때서야 바람과 함께 자유케된다

자기들끼리 한 곳에 소복히 쌓이기도 하고
신바람이 난 듯이 광란질주도 하고
엄숙한 계절에 묶였다가……
자유의 계절…… 해방의 계절과 함께

길가에는 온통 해방된 낙엽이 뒹군다
자유의 만끽이다
이리 춤추고 저리 춤추며
마냥 자유롭게 굴러다닌다
이리 굴러보고 저리 엉키면서
차들이 달음질치건 말건……
바람과 함께 마냥 즐겁기만 하다

자유만세! 외치며 휘날리면서……
바시락 재그락 지껄이면서……
마냥 즐겁다
어른 아이…… 크고 작음이 상관이 없다
해방의 계절이 찾아왔기에
자유의 즐거움을 만끽하면서
온통 거리와 골목을 메우고
이리 구르고 저리 구르다가는
소복이 쌓였다가는 석별의 정을 나눈다

빙점

꽁꽁꽁……!
대지는 빙점 앞에서 얼어서 떨고
매서운 칼날 같은 빙점의 칼바람이
밤을 새워 울어 울어 예는……
빙점의 어둔 밤……

개울물도 멈추어 빙판을 이루고
강물도 멈추어 빙점 되었네
그러나……
빙점에서도 멈출 줄 모르는……
멈출 수가 없는…… 가족이 보인다
빙판 아래 따스한 가족이 보인다
빙점…… 빙판…… 그 아래……
물고기 가족들이 유유하다

꽁꽁꽁……!
제 아무리 한 세월이 동토(凍土) 같아도
매서운 찬바람이 칼날 같아도
가족들이 옹기종기 모이노라면

사랑의 훈기 모여 훈훈하리라
사랑의 가족 모여 헤쳐가리라

꽁꽁꽁……!
눈이 덮인 동토의 땅일지라도
파릇파릇……
생끗…… 생끗…… 웃음 지으며
연둣빛 저고리 갈아 입고서
살며시 고개를 내밀고는
요리조리…… 수줍은듯
사방 살핀다……
봄을 앞지르고 찾아온
미나리의 수줍음이
눈에 뜨인다……!

돌아온 가을

땀이 흐른다, 가을은 아직도 멀~리 있는데
귓가엔 낙엽의 바스락거리는 소리가 들려오는듯
가을은 저만큼에 오는 것 같은데……
국화꽃 향기가 코를 스친다

이러구러……
가을은 어느새 왔다가 이별을 챙긴다
가을은 풍요를 뿌리려 돌아왔었다
돌아온 가을을 뒤적거리면
쓸쓸한 고독만이 손에 감긴다

국화꽃 향기 찾아 길을 나선다
한참이나 시골길을 달리노라면
논두렁 밭두렁 익은 열매들
나를 향해 반가워 손짓을 한다

시골길 밭두렁에 비닐하우스
제멋대로 화원이름 난립해있고
모두모두 국화꽃 만발해있다
가을 따라 국향은 돌아왔건만……

북풍한설

폭풍한설 냉혹의 칼날을 딛고
조심조심 또 조심 예까지 왔다
쓴 웃음 웃어가며 이를 악물고
더듬더듬 더듬어 예까지 왔다

모진세월 냉혹한 현실을 딛고
예가 어드멘지……? 가늠하지 못한 채
칼날 같이 매서운 바람에 밀려
불려 날려 떠밀려 예까지 왔다

세찬바람 눈보라 앞을 가려도
밀려 밀려 떠미는 세월에 밀려
오고 보니 여기가 서산 밑자락
해와 함께 서산 넘어 동행할거나……

5부 생활시
여보시오 나그네

음악의 세계

음악의 세계는 황홀의 궁전
피곤한 인생을 쉬게 만들고
마음에 평화가 넘쳐 흐르니
음악에 살리라 영원하리라

음악의 세계는 황홀의 천국
걱정도 근심도 모두 사라져
천국에 머물러 안식 얻으리
하늘의 화음이 생명 이어라

음악의 세계는 치유의 동산
고통과 질병이 모두 사라져
음악의 선율이 세포 살리니
음악에 머물러 젊어 살리라

서울의 밤

서울의 밤은 유난이도 반짝거린다
밤하늘의 별의 동리 옮겨놓은 듯
황홀하고 찬란한 서울의 밤거리
아름다운 서울의 밤 영원하여라

서울의 밤 청춘의 밤 젊은이의 밤
청춘남녀 사랑 속에 밤이 흐르고
차량들의 질주 속에 밤도 구른다
별을 닮은 서울의 밤 영원하여라

푸른 하늘 휘영청청 밝은 달빛도
서울의 밤에 가리워 빛을 잃었고
쏟아지는 별빛들도 비길 수 없는
호화 찬란 서울의 밤 영원하여라

불변의 화신

길고도 긴 수 없는 세월 속에
정오의 태양은 정직한 진실
늠름한 자세로 세상 밝히니
태양아 너만이 불변의 화신

길고도 먼 수 없는 세월 속에
우여곡절 행불행 파도쳐가고
인생살이 수없이 변질되어도
태양아 너 홀로만은 불변의 화신

길고도 긴 수 없는 세월 속에
석양을 놀랍게도 물감을 들여
그리도 신비한 황홀 만드니
태양아 너 홀로만은 불변의 화신

정오의 태양

정오의 태양……!
수레바퀴 돌고 돌고 구르고 굴음 같이
길고도 기나긴……
수없이 마구 굴러가는 세월 속에서
변절 없이 찾아드는 정오의 태양……!
변화무쌍한 인간세상 속에서
이지러짐 없는……
늠름하고 씩씩한 구김 없는 자세로
정오의 태양이 내려 쪼인다

나, 너 보기가 부끄러워서
바로 보기가 힘에 겨워서
태양아! 너만은 만고의 불변자로다
이지러지고 부스러지는 세상 속에서
정오의 태양……!
너 하나만은…… 진정하고 정직한 불멸의 불사조
그리도 기나긴 세월 속에서……
우여와 곡절…… 재난과 불행……!
그리고 흐트러진 세월 속에서도 올바르고 정직한 자세로……

정오를 힘차게 호흡하고 있구나……!

정오의 태양……!
너 혼자만이 진실한 마음 가지고
정오를 만끽하며……
배신 가득 채워 굴러가는 드럼통같이……
위선을 가득 싣고 내리막길 마구 달려가는……
놓쳐버린 리어카인양……
높은 사람 낮은 사람 신분의 차별 없이
칡넝쿨 얼키고 설키듯 거짓과 위선이 만신창이 되어
얼키고 설키어 뒤범벅이 되어
허우적거리고 아우성치는 인간들의 모습을
큰 눈 부릅뜬 채 지켜보고 있고야……

아아, 정오의 태양……!
너 홀로만이 서둘거나…… 북적대고……
떠들어대고…… 잘난 척 함이 없이……
조용히 찾아와서 정오를 밝히다가는 조용하게 서둘음 없이
붉은 노을 남긴 채 서산으로 자취를 감추고 있구나……!

잘난 척도 하지 않고…… 교만 떨지 않고……
유난스럽고 별남도 없이 태연 자약하구나……!
인간들의 허무는 나날로 쉴 날 없어도……

정오의 태양……!
너만이 씩씩하고 정직하게
충실히 자신의 본분을 수행하면서
자신의 궤도를 벗어남이 없는……
이즈러짐이 없이 인간 세상의 인육시장 모습을
비웃으면서 정오를 비추고 있구나

태연함과 의연함을 잃지 않은 채
정오를 비추고…… 또 비추어 쏟아지누나……
아아! 정오의 태양……!
지구의 회전과 함께 영원하여라!
그리고 어두워져가고 저물어가고 있는
세기말의 세상을 힘 있게 비추어다오……!
죄악의 도성 구석구석을……!
어두운 사람들의 마음까지도……!

사랑하는 K에게

K······!
악착을 지닌 채 살아야 한다
억척을 떨면서라도 살아야 한다
원통과 분함도 이를 악문 채
오염된 세월과 싸우며 살아야 한다

K······!
세월은 별나게 투정부린다
억울 섞인 긴 한숨 남겨둔 채로
젊음의 머리채 휘어잡고는
어디론가 질질 끌고 달음질친다

K······!
인생의 무상함을 눈감은 채로
인정사정 모르는 척 달음질친다
저승길의 사자들 닮은 것 같이
지친 세월 무참히 채찍질한다

K…… 지금은 어느 곳에 머물러 한숨 쉬는지……
무엇하고 계시온지 나는 몰라도
하나님은 K를 지키시리라
그러기에 오늘도 K를 위해 합장을 한다

K……!
긴 세월 우여와 곡절이 때가 묻듯이……
뒤범벅이 되어 오늘에 왔지
그리움과 보고픔이 태산 같았고……
우리들의 짧고도 긴 여정도
막은 내릴 것……

K……!
그리던 본향 종착역에 하차하는 날
그 분의 다정하신 안내를 받자
까마득한 미로의 낯선 땅……
평생을 믿고 의지했던 분이시기에
손에 손 잡고 우리 같이 영원해보자……!

친구

친구 친구 친구야 친한 친구야
이 한 세상 나 어이 너를 잊으랴
무엇으로 얼키고 설켜 있기에
이다지도 끈끈한 친구 되었나

친구 친구 친구야 친한 친구야
아빠 따로 엄마 따로 따로 따론데
형제보다 진한 우정 젖어 있으니
이 한 세상 살면서 어이 잊으랴

친구 친구 친구야 친한 친구야
기쁨도 슬픔도 같이 나누며
험한 세월 살면서 예까지 왔지……
하늘나라 큰 문 앞에서 다시 만나자

註 : 일본에서 어릴 때 같이 고생하던 친구로 신의주가 고향이었던 친구, 그는 미국에 머물러 평생을 살면서 서로 보고 싶으면 그도 달려왔고, 나도 달려가 만났던 친구 최태위 박사다.

자장가

자장 자장 엄마 품에 자장 자장 자장
별나라 달나라 두둥실 자장
반짝 반짝 밝고 밝은 별님 달님 나라
자장 자장 두둥실 너와 나도 반짝!

자장 자장 천사 품에 자장 자장 자장
산 너머 꿈나라 두둥실 자장
구름 속에 꼭꼭 숨어 쌔근 쌔근 쌔근
내일 아침 해님 함께 둥실 둥실 둥실

오빠 누나 꿈나라에 자장 자장 자장
아빠도 엄마도 손에 손 잡고
포근 포근 쌔근 쌔근 꿈나라 쌔근
새 아침에 빵긋빵긋 복된 우리 집……!

註 : 늘푸른교회 찬양대외 취주악을 지휘하시고 음악을 하시는 김상돈 목사
 님의 청으로 자장가를 작곡하시겠다고 하시기에 그려본 그림임.

겨울바다 송도

갈매기 사라져 자취 감추고
횟집에 객들도 발길 끊겼다
바닷길 여객선 보이지 않고……
송도의 바다도 짝을 잃었나……!

현인의 동상만 홀로 서있고
파아란 파도만 찰싹거린다
겨울의 송도는 짝을 잃은 듯
쓸쓸한 고요가 마음 적신다

도시가 지겨워 바다 찾으면
시원한 앞바다 나를 반기며
송도의 고요가 시를 만들고
겨울의 송도는 고마워진다

註 : 부산 송도에 바다가 보이고 파도소리만 들리는 집이 있기에 때때로 찾아가 글을 읽고 시를 쓰며 기도드린다.

세월의 줄행랑

덧없는 세월은 줄행랑쳤고
와중에 휩쓸고 끌고 달아난
하 그리 길기도 짧지도 않은 여로
첫사랑 한이 서려 세월 탓한다

한참이나 가버린 세월에 묻어
굴렁쇠 굴렁굴렁 굴러가듯이
저 멀리 묻어간 아득한 옛날
천릿길 만릿길 꿈에 달린다

호호의 백발이 휘날리어도
세월에 못 이겨 주름 잡혀도
첫사랑 끈끈한 정이 있기에
부둥켜안은 채 날은 밝는다

씻을 길 가히 없어

세월은 한참이나 흘러갔어도
자꾸만 솟구쳐 새어나온다

저만큼 흘러간 세월에 채인 채
세월과 네월에 묻어 돌아올 줄 모른다

고운 얼굴……
사랑스러웠던 이름과 함께
꽤나 머나먼 길을 따라나선 채
길 잃은 양 돌아올 줄 모르고 있다
사랑이란 어리석음은 되돌아설 줄 모르는……
후향(後向)을 모르는 바보였던가……?
먼 지평선 물끄러미 바라다보면서
옛날을 그리는 마음 달래어본다

사랑이 시작되었을 무렵은……
철없던 시절!
그러기에 사랑도 철이 없었나 보다

사랑이 무르익을 무렵에는……
목숨까지도……
이 한 생명 모두 바쳐 아깝지 않는
진심과 전심을 모두 쏟아서
주고 또 주고도 모자랐었지……
오가는 말 한 마디에도……
쿵당쿵당 방아를 찧었고……
어쩌다 스치는 손길에는
강한 전류 흘러들어 혼미했었죠……!

나와 세상은 간 곳 없이 무아의 경지……!
그러한 표현이 어울릴 것 같다
염치도 체면도…… 자존심 따위가, 사랑을……
사랑을 막을 수 있었으리오……!

사랑 앞에서는 자존심 따위는 무용지물로
존재할 수 없이 숨어버린다
적나라한 천연의 인생으로 돌아가버리는……
사랑만의 독특한 위대함이런가?

사랑에는 부끄럼 따위는 없는가 보다
사랑에는 위선도 가증도 존재하기 힘겨운가 보다

저 멀리 가버린 사랑!
저만큼 달음질쳐 가버린 사랑······!
세월에 묻은 채 흘러갔는가······?
수레바퀴 돌듯 골백번을 돌아갔어도
옛 사랑만은······
끈끈하고 진하게 눌어붙어 있기에······
아아, 눈에 어리어····· 눈에 어리어······
씻을 길 없고 지울 길이 가히 없는가 보다

그러기에 숱한 사연 입가에 흘려······
두둥실 뭉게뭉게 구름에 싣고
솔솔 부는 다정한 바람에 꿰메어
바다 건너 산 너머 저 멀리까지
띄우고 날려서 보내려는 맘······
철들어도 그 마음 변치않는다

한 세월을 살다간 나그네들

여보세요 한 세월을 살다간 나그네들……
당신들은 알리라 사랑의 애절함을
길고도 긴 인생길 어이도 이겨냈소……?
그 어떠한 사랑을 나누다 가셨는지
말해주오 들려주오 나누다 간 인생을……!

쓴맛 단맛 다 겪고 떠난 벗님들이여
말해주오 사랑의 모양새와 생김새들을……
사랑 줄에 얼키고 설키어 풀 길 없소
풀다가 가오신 당신들이 말해주시오
어찌 풀다 가셨는지 귀띔해주오……!

울고불고 떼쓰고 힘겨운 한평생
살다 가신 님들도 겪어 보았소……?
어찌해야 옳은지 말 좀 해주오
크던 작던 사랑은 아프고 괴로운 것을
어찌 풀다 가셨기에 말이 없는지……

회고(回顧)

인생살이 달려가다가 돌이켜보면, 만경창파에 몸을 맡긴 채
바람 따라 물결 따라 이리 흐르고 저리 흐른다

일생이 끝나는가 싶어 돌이켜보면
흔들리는 마음 가눌 길 없다
고요하고 잔잔한 평화스러운
그림 같은 세상은 아니었기에……
노도광풍 휩싸여
어둡고 어두운 공포의 터널을
지나온 것 같기에……
밑도 끝도 없이 캄캄하고 암담한 긴긴 여정을
잘도 헤쳐서 지나온 것 같기에…… 감사해본다

상상조차 힘들고 듣고 보지도 못했던 쓰나미 광란에
때로는 소용돌이 광란의 난무 속에서
잘도 버티어 예까지 왔는가 싶다……

행복이 무엇인지조차도 알 수 없이 살아온 세월만 같기에……
공포에 질리고 떨면서 가슴 조이며

깊은 한숨지으며 울고 불면서
예가 어느멘지 조차도 가늠 못한 채
떠밀려왔는가 싶어…… 허무해본다
벌써 세월은 저만큼 까마득히 먼 곳으로 달음박질했고……
아니? 도대체……! 벌써……!
손가락 굽혀 나이를 헤어본다
대략 어림짐작 헤어보아도
믿겨지지 않는…… 탄식과 함께
한숨 섞인 신음에 가까운……
창자 속 깊이에서 아이쿠……! 웬 나이가……?
탄식이 솟구치며 허우적댄다

발을 멈춰 주위를 살펴보면은……
나 혼자 고독을 마시며 서있는가 싶어……
왈칵……! 그리움이 파도 같이 밀려와 파도친다
좌해야할지 우해야할지……?
방향감각을 상실한 채 맹랑해진다

어두워지는 광얏길의 나그네 같이……!

한 해의 망년(忘年)

슬펐던 것 아팠던 것 상처 남긴 채
모두 모두 아듀 아듀 보내버리자
가슴 깊이 묻혀 있는 원망마저도
모두 모두 아듀 아듀 보내버리자

아쉬움도 섭섭함도 가슴 아파도
모두 모두 아듀 아듀 보내버리자
시린 가슴 쓰다듬고 놓아 보내자
모두 모두 아듀 아듀 놓아 보내자

밝아오는 새아침은 행운을 싣고
힘찬 태양 희망 싣고 찾아오련다
힘찬 태양 사랑 안고 떠오려한다
마음 비워 새 아침을 맞이해보자

註 : 해마다 어김없이 돌아와서는 착잡한 마음으로 설레게 하는 마지막 달 마지막 날에…….

여보시오 나그네

여보시오 나그네길 인생들이여
한백년도 못살면서 욕심도 많소
먹고 입고 살다 가면 되지 않겠소
한오백년 살 것처럼 욕심도 많소

여보시오 나그네길 인생들이여
잠시잠깐 살다가는 나그네 여정
무거운 짐 벗어놓고 쉬어들 갑소
고달프게 언제까지 살으려 하오

여보시오 나그네길 인생들이여
가진 씨앗 나누면서 뿌려봅시다
행복의 꽃 만발하게 피어날 테고
가을 되어 많은 열매 거두오리다

우리나라 꽃
-정치야, 무엇하느냐? 자기나라 꽃 하나 챙기지 못하면서…….

꽃중의 꽃 무궁화 꽃 우리나라 꽃
나라 지켜 반만년에 이름도 없이
제 홀로 피고 지고 몇 해이던가
이름 없이 빛도 없이 꿋꿋하여라

나라사랑 무궁화꽃 변절 없는 꽃
찬이슬과 된서리를 그리 맞아도
변함없이 끈질기게 매달리어서
떨어질 줄 모르는 꽃 나라 지켰네

삼천리길 금수강산 화려한 강산
선열들이 목숨 걸고 지켜온 강산
방방곡곡 면면촌촌 무궁화 심어
조상들이 물려준 땅 길이 가꾸세

바보들의 대열인가 행진이런가……?
남의 나라 벚꽃 축제 열을 올리고
자기 나라 무궁화는 천대를 하니
그러고도 나라사랑 외치려는가……?

백의민족 상징하는 하얀 꽃 있고
피를 뿌려 나라 지킨 빨간 무궁화
순절 지켜 나라 지킨 여인들 있다
방방곡곡 삼천릿길 무궁화 심자

註 : 중국 연변대학 총장으로 계시는 손동식 총장이 한국에 왔을 때 무궁화 묘목을 보내주시면 학교 주변에도 심고 조선족 동포들이 살고 있는 도시에도 심어 무궁화가 피는 조선족 도시를 만들어보겠다고 했는데 아직 보내지 못하고 있기에…… 죄송한 마음 금할 길 없다.

* 충고! 정치하는 사람들의 나라사랑은……
　　무궁화 동산 만들어
　　무궁화 축제를 만끽할 때에
　　나라사랑의 진실이 존재할 지어다.

사랑 중에 제일은

매정하고 인정 없는 유수 세월에
미풍양속 예의범절 함께 흘렀네
반만년의 역사 함께 모두 흐르고
사나웁고 극성스런 꼴만 남았네

사랑 중에 제일가는 나라사랑은
세월 따라 바쁜 걸음 저 멀리 가고
나라사랑 짝사랑에 목숨 바치신
애국선열 지하에서 땅을 칩니다

여보시오 벗님네야 말씀 좀 묻소
어이하여 나라꼴이 이꼴 되었소
늦기 전에 후배들을 바로 가르쳐
우리나라 만방에 우뚝 서 보세

옭매인 인생살이

지나온 인생살이 발자국마다
한숨과 하염없는 눈물 고이고
상처 난 아픈 가슴 달래노라면
어느덧 새 아침은 밝아옵니다

지나온 인생살이 옭매어졌고
허물로 뒤엉키고 마구 엉키어
한 올씩 풀고 풀어 푸는 동안에
어느새 동창 밝아 날이 새인다

지나온 인생살이 하도 허무해
밤하늘 쳐다보며 한숨 질 때에
작은 별 반짝반짝 나를 반기며
생긋이 웃으면서 힘을 보태네

클래식

봇물이 터져 쏟아져 내려오듯
「드보르작」 '아메리카 4악장'에서
음률이 마구 쏟아져 내릴 양이면
잠들었던 영혼마저도 기지개 펴고
소스라쳐 세월들은 춤을 춥니다

클래식은…… 강물이 넘쳐흐르듯
염려와 근심…… 사악한 욕망마저도
그리고 마음속 깊숙한 곳까지
휩쓸며 흘러 흘러 내려가기에……
마음의 평화가 깃드나 보다

「아렌스키」의 '피아노를 위한 모음곡 3악장'에서
피아노 음률은…… 그 음률은…… 그 색깔은……
머릿속 마음 구석 더덕딱지 씻어내리고
졸졸졸 흐르는 잔잔한 물소리에……
사랑하는 연인의 살몃한 방문과 같이……
마음의 문 활짝 열린다

때로는……
사랑을 속삭이는 잔잔한 물결의 흐름을
듣고 있노라면……
피아니스트마저도……
건반 위를 달리는 손끝까지도……
모두모두 취해버린다
그리고는……

물줄기와 함께 저만큼 흐른다
「아렌스키」와 함게
고향의 개울로 달려가본다
물장구치며 소리치다가는
곡은 끝나고……
「아렌스키」는 가버리고……

멘델스존

때로는 「멘델스존」의 '피아노트리오 1번 1악장'에 취한다
깊은 산림 속에서 흐르는…… 물줄기 따라
돌돌돌……
이리 부딪치고 저리 부딪쳐 아파오지만
소리 내며 흐르는 물소리들……
나무와 나무끼리 스킨십하며
사랑의 노닥거리는 소리
벌레들의 동리에서는
잔치가 벌어졌는가
왁자지껄 소요해지는……

풀벌레들까지 가세했다
꾀꼬리의 고음이 있는가 하면
부엉이의 베이스도 무겁게 제법 조화를 이루어
「아로마」의 자연을 향기 뿜는다
후레쉬한 공기로 방안이 가득하다
「아로마」와 「라벤더」의 향으로……

살림 속에도 밤이 왔나 보다
첼로에 묻어 비올라의 저음이
깊은 밤을 달린다
삼림엔 고요가 멈춘다
물줄기의 돌돌돌 소리마저도……
음악에 묻힌 밤은
어머니의 품속 같아 잠들고 싶다

아렌스키

「아렌스키」의 '그림자 1악장'
기다리던 님이
아…… 기다렸던 님이
꽃다발을 가슴에 안고
조용히…… 조심스레 떨리는 손으로
방문을 노크하고 있는 것 같기에
가슴이 뛰고 있지 않느냐……?

"아나따!" 하고……
나직하고 애련한 목소리로
노크하고 있는 것 같기에
왈칵…… 금세라도
고였던 봇물이 터지듯……
쏟아져 내릴 것만 같다
그리움에 데워진 눈물이……

'그림자 3악장 서곡'을 지나면
왈칵왈칵 치밀고 올라오는 그리움……
보고픔…… 그리움, 데워진 끈덕진 정이
소리지르며 뛰쳐나올 것만 같다

그리고는……

아아……, 이게 또 어찌된 영문인지……?

나도 몰라라…… 나도 모르는 고요가……

방안을 메운다…… 온통 점령을 한다

적막이 맴돌며 깊숙이…… 찾아드는 고요……

국향(菊香)의 향기가 가득하다

그러고 나면 마음에는 평온이 스며들며

아니! 벌써 눈은 젖어 있고……

註 : 1. '아나따'는 일본어로 자기의 사랑하는 사람을 부르는 여인들의 용어.
'당신'과 같은 의미를 지니고 있다.
2. 국향(菊香) - 첫사랑의 이름이 기꾸(菊)였다. 그만이 사용하는 향수
(香水)가 있다. 항상 은은히 풍기는 향기……. 그것이 국향일 것이다.

천국을 넘나드는 음악

왈츠 곡에 맞추어
빙글빙글 밤이 맞도록
불빛이 모두 사라지고 만물이 잠들 때까지……
그리고…… 새 아침이 밝아올 때까지
온갖 것 다 잊어버리고……
빙글빙글…… 빙글빙글……
왈츠 곡에 맞추어
빙글빙글…… 삼박자에 발을 맞춘다

「타란델라」의 장엄하고 웅장스러운 곡에 맞추어
달음박질치면서 온갖 정열이 쏟아져나온다

그리고 또 숨이 가빠오면
슬로우링 슬로우링한……
블루스 곡도 유혹해온다
어언간
흐르는 아름다운 곡에 취해버린다
아……, 음악이 없는 곳이 지옥이련가!

역시 탱고는 온갖 시름을 잊게 만드는 묘약이던가
달콤한 탱고와 함께 침상에 몸을 눕히고
음악과 함께 단잠을 잔다

아……, 음악은 천국에도
천국에도 있는 것이기에
천국을 흠모하고 그리워하고 사모하게 되나 보다

음악이 없으면……
클래식이 없으면……
그것이 지옥이기에
음악이 있는 천국을 사모하며
앙상블이 있고 코러스가 있는
천국에 목숨을 건다

세상에 붙은…… 유치한 자랑꺼리
온갖 것…… 정욕과 욕심도 사심도 버려보리라
명예도 권세 따위도……
나에게 붙어있는 부스러기마저도
이전엔 미처 모르고 철딱선이 없이……

내세우고 선전했던 어리석음도
이제는 그만 철이 든 양 음악에 살고
믿음에 머무르리라

가지고 있는 소유물 따위……
먼지 묻은 부스러기들……
잘난 척 하는 간판 학벌 따위도
이제는……

이제는 조용히 내려놓고서
정녕 이제는 천국을 바라보며 음악과 함께 살으리
천국을 드나드는 음악과 함께……!

브람스

「브람스」의 '헝가리 무곡 5번'은
나의 나이를 빙글빙글…… 뒤로 돌려 옛날을 찾아
달리고 달려 추억을 뒤지게도 만들고……
'헝가리무곡 5번'의 리듬을 타고……
「브람스」의 무곡에 발도 맞추고

피아노 건반 위를 날아보게 만들고
건반에 손을 얹고 달리게도 만든다

지휘자도 아니면서 악보도 없이 지휘를 한다
언제 그리도 명지휘자가 되었는지
자신도 모르는 밤이어라
「브람스」야……! 네가 그린 오선지 위에서 같이 춤추자
「브람스」야……! 같이 스핑탕을 돌아보자는 말이다
빙글빙글…… 빙글빙글 발끝을 세워
지나온 시린 마음 지워버리고……
너와 함께 이 밤이 다가도록 돌고 돌아보자
'헝가리 무곡 5번'에 맞추어……
빙글빙글 빙글빙글 돌고 싶어라

하이든

「하이든」의 현악 4중주 4번 1악장을 들어보라
하늘나라의 시냇물 흐르는 소리
아름다운 천상의 율동
흰 옷 입은 죄 없고 티 없는 백성
모두 함께 어울려서
춤을 추고 있는 듯……

아, 가고파라……
「하이든」의 선율보다
아름다운 천사들의 음악이 있는 곳

지상의 것들과는 전혀 다른
세상의 사고방식을 거절한 채
천국의, 천사들만의 마음씨를 닮아
지상 사고(思考)의 칩을 바꿔 끼우고
선율의 음색마저 색다른 음색……

「하이든」의 '현악 4중주 1악장'을 감상해본다
듣는 순간 천국 일번지에 앉아있는 것 같아
마음의 평화와 행복이 넘쳐흐른다

불원간에 손에 손잡고
음률의 색이 보이는 곳에 머물러
영원할 것을 생각만 해서

두근거리며 설레는 마음
아니 벌써 가슴에 손을 얹고
달래어본다

가난이 머물러 있다고 해서

아무리 힘들고 어려운 멍에
가난이 머물러 있다고 해서
사랑의 이야기마저 어이 멈추리
사랑의 노래마저도…… 어이 끊어지리
사랑노래 이야기는 영원한 것……!

가난의 멍에가 무겁다 해서
행복한 미소가…… 어이 지워지리
사랑의 기쁨이 어이 사라지리오
사랑의 기쁨과 미소는
가난의 멍에에서 자유한 것이어늘……

가난의 고통이 십자가 짐 진 것 같을지라도
빠알간 사랑의 옛이야기를
어이 잊을 수가 있사오리까
어릴 적 뛰놀던 고향의 산천……
파아란 꿈을 품었던 뒷동산일랑……

가난과 상관없는 옛이야기
가난이 머물러 있다고 한들……
어이……, 빠알간 모란의 꽃잎
모락모락 피어올랐던 앞마당의 꽃
모란의 빠알간 색깔이 변하오리까

註 : 고향의 선배가 가난에 찌들었어도 고향의 옛이야기만은 잊지 않고 또렷
또렷이 기억하며 이야기를 나누고 간 그날 밤…….

어찌타 이꼴이 되었는고야 · 1

거룩한 종소리 울려 퍼지고
그 속에 엉키어 찬송과 미사
목탁도 다 함께 범벅 되어서
세속과 손잡고 마냥 뒹군다

시기와 질투가 손에 손잡고
마귀와 사탄도 함께 어울려
엉키고 어울려 북새통친다
진실과 믿음은 보이지 않고……

명예와 권세에 눈 어두웠고
재물에 취하여 귀도 막혔네
귀 먹은 소경들 어찌할고야
윗전의 말씀도 듣지 못하니……

어찌타 이 지경 되어지고야
음란과 방탕이 마구 뒹굴고
마귀와 광란은 끝이 없으니
뉘라서 천국을 어이 말할고……!

묵주를 굴린들 누가 알리오
염불을 뇌까려 누가 들으며
찬송을 부른들 화답 없고야
한심타 종교의 나락의 모습……!

종교인 모두가 책임을 지고
제자리 찾아서 옷깃 여미고
하늘의 노여움 풀어드리며
불바다 불심판 면하여보세……!

註 : 각 종교계가 어이타 이렇게 타락이……, 엄청난 타락이 되었는가 싶어
   자신을 살피면서 걱정해본다.

어찌타 이꼴이 되었는고야 · 2

부처도 돌아앉아 귀를 막고야
성모님 눈에서는 피눈물 나고
갈보리 정상에서 피흘리시니
이래도 될 것이야 고민해보자

관세음 보살이여 산사에 묻혀
평안히 앉아있을 때가 아니니
타락된 중생 찾아 내려와보소
모두가 지옥 향해 달음박질칩니다……

마리아 아베아베 아베마리아
평생을 성당 문만 지키려 말고
정치판 뛰어들어 얼룩져가는
사제들 끌어들여 참회하게 하소서

날나리 함께 모여 얼싸 안는다
게다리 닭다리들 소리만 높다
진짜 박사 머리 숙여 존경합니다
긴긴 세월 청춘 걸고 수고하셨소……!

가짜 박사 세죽박이 가운 걸치고
양심 없이 화인 맞고 날뛰는 모습
신부들도 아니면서 감독 아니며
천주교의 신부복은 왜들 입었소?

마귀들도 깜짝 놀라 혀를 찹니다
양심의 눈 크게 뜨고…… 자신의 모습
누더기 걸쳐 입고 만신창이 된
불쌍한 영혼들을 만나보세요

어찌타 이꼴이 되었는고야 · 3

기독교 직업학교 무슨 뜻인지
알 것 같고 모를 것 같고 아리숭하다
지하실 이층 삼층 전세 사글세
모두모두 신학교가 난립 이뤘네

한심무쌍 속성 신학 단기 신학이
수백이요 수천이니 정신 없도다
먹고 살기 힘겨워서 찾아들 간다
속성으로 목사되면 평생의 직업

기독교 직업학교 수입 좋아서
가짜 박사 난발하여 장사를 한다
신학박사 목회학철학박사 난무를 하고
박사 아닌 목사님이 거의 없고야

불교의 경전 중에 팔만대장경(八萬大藏經)
진실한 어느 스님 살펴 보던 중
깜짝 놀라 이게 웬일…… 성경 살피니
과연 주님 오신다는 예언 있었죠
荷時耶蘇來 悟道油無之燈也(하시야소래 오도유무지등야)
荷時(언젠가) 耶蘇來(예수 오시면)
悟道(우리 불교는)
無之燈也(기름 없는 등과 같이 된다)는
팔만대장경에 새겨진 석가의 예언……

과연 위대한 예언이어라
석가의 위대한 예언이 있었음에도
붙들고 늘어지는 이유가 있지
기독교 직업학교 단기 신학교
모두가 먹고 살기 위함일 게다

註 : 팔만대장경(八萬大藏經)의 어느 한 구절에 "언젠가는 오실 예수가 오시
면 우리들의 가르치는 도(道)는 기름 없는 등(燈)이 될 것이다."라는 석가
의 예언 구절이 있음이 발견된 것이다……!

도대체 왜들 이러슈 · 1

명품이 도대체 무엇이길래
백화점 세일을 한다는 날에
만원버스 만원전철 탄 것과 같이
발 디딜 짬도 없이 북새통이다

아직도 철이 없는 여인네들이
나라 살림 힘에 겨워 허덕이는데
무슨 돈을 물 쓰듯이 쓰고 있는지……?
나랏돈 훔쳤는가 걱정해본다

백화점 지하에 조기 열 마리
한 마리의 조기 값은 이십만 원여
어떤 놈이 먹는 건가 약이 오른다
먹는 놈들 있기에 팔고 있겠지……?

아들 딸들 여위려고 푼돈 모아서
먹을 것도 아니 먹고 입지도 않고
저축은행 찾아가 돈 맡겼는데
고스란히 허탕치고 가슴 치는데……

철 없는 부녀자들 허우적댄다
명품이 무엇인지 알 수 없으나
불행당한 이웃들도 생각해보소
제 정신 바로 잡아 선하게 살자

도대체 왜들 이러슈 · 2

어쩌다 백화점을 들려 보면은
남자라곤 씨도 없다 무슨 일인고
백화점 커피숍엔 초만원 되고
왁자지껄 시끄러워 귀가 아프다

남자들은 새벽부터 직장에 나가
하루 종일 피땀 흘려 허리 굽히며
제 식구들 생각하고 뛰고 있는데
어이하여 아낙네들 철이 없는고

정치를 탓할 건가 누굴 탓하랴
교과서 잘 만들어 잘 가르치자
예의범절 애국도 여기에 있고
배려함도 양심도 교육에 있다

독도는 우리 땅 고구려까지
일본인 침략과 육이오까지
모두모두 세밀하게 밑바닥까지
하나도 빼지 말고 가르쳐보자

이런저런 모두가 가슴 아픈 일
어이하여 이 지경 끌고 왔는지……?
뉘의 탓 탓할 놈 알고 있지만……
이제라도 늦지 않소 바로 살아봅시다

불면(不眠)

추야장(秋夜長) 길고 긴 밤
온갖 것 다 잊고
잠을 청해 불러보지만
잠은…… 잠은……
자꾸만 자꾸만…… 뒤돌아보려 않고
멀…… 리…… 멀…… 리 도망간다

청하는 잠놈은 오지를 않고
불청객(不請客) 고독이……
고독이 찾아와 벗삼자 한다
그리고 고독과 불면은
밤새껏 이불 위에서 같이 뒹군다

달려보아라

태양을 마시며 달려보아라
구름에 날개 피고 날아보아라
바람을 껴안고 힘껏 달려보아라
실망을 버리고 희망을 벗 삼아
날아보아라

소망을 마시며 달려보아라
사랑을 머금고 날아보아라
울기는 왜 울어 바보 같기는……
믿음을 품고 가슴에 품고
기도해보라

별들을 마시며 달려보아라
달님을 머금고 날아보아라
숨었던 행복은 달려오리라
실낙원 찾아와 품에 안기리
천국 이루라

동토(凍土)의 나목(裸木)
-사랑이야기

너무나도 슬프고 슬픈 이야기
하늘 아래 이토록 슬픈 이야기를
책장 들춰 찾을 길 가이 없도다
동서 사방 어딘들 있으오리까

나 홀로만 겪어온 슬픈 이야기
지체 높은 한 여인 만날 때부터
우리들은 첫 사랑에 흠뻑 빠져서
모닥불 타듯이 훨훨 탔지요……!

흘러가는 세월의 꽃을 피웠고
절기 따라 첫사랑 무르익었죠
이 세상에 거칠 것 하나 없었고
그 사랑에 취하여 날아다녔죠

산을 넘고 바다 건너 국경 건너
무럭무럭 사랑은 성숙해가고
사랑이란 묘약에 잠이 들고요
그 사랑에 엉키어 세월 흘렀죠……!

조선 사람 일본이 원수였을 때
칼날보다 무서운 아버지 말씀
사생결단 끝내라 엄명하시니
그 순간에 동토의 나목 되었죠……!

어언 간에 세월은 줄행랑쳤고
육신의 몸 헤어져 오늘에 와도
비단보에 싸여진 국화 한 송이
생각나면 펼쳐들고 향기 맡아요……!

바다 건너 국경선 넘고 나면은
쓸쓸한 꽃 한 송이 호올로 남아
고고하고 우아한 국향 풍기니……
아아, 이 밤도 국향에 취해 기도드린다

註 : 일본 동경 유학시절에 '기꾸(菊·국화)라는 이름을 가진 상류사회 집 딸을 만나 서로가 첫사랑이면서 손으로 서로 서로의 손가락을 걸고 도장을 찍으면서 맺어진 약속. 우리는 헤어져서는 안 될 인연이 되었으나 부모친척의 반대로 헤어지고 그녀는 기독교에 입교하여 진실한 신자로 봉사하면서 평생 외로이 살아가고…….

병원인가 법원인가
-환자를 존중하는 병원들의 개선을 기대하며

아주 불쌍한 군상들의 초초함이다
시간 맞추느라 허겁지겁 달려왔건만
시간 넘어 기다려도 소식이 없다

병든 것이 죄인되어 달려왔건만
잘난 얼굴 몇 분 보려 천덕이 된다
간호사님마저도 찬바람부니
나, 어찌타 병이 들어 추해졌는고……!

착각일까 다시 한 번 생각해본다
법정이 아닌가 하고 착각이 온다
나의 이름 불러주길 학수고대 기다리고 있는……
판사 앞에 재판 받는 죄수련가 환자이련가……?

원망

벽에 걸린 괘종시계 고장나서 멈췄는데
세월만은 어이하여 고장 없이 달려가나
어언 간에 세월 따라 여기까지 왔는고야

고물단지 시곗바늘 주책없이 돌아가고
어느 사이 이십사 시 순식간에 가버렸네
제멋대로 마구 도는 시곗바늘 따라왔나……?

도는 지구 고장났나 빙글빙굴 마구 굴러
사계절도 뿌리친 채 제멋대로 굴러간다
인생들도 지구 닮아 중뿔나게 굴러간다

사는 것이 무엇이길래

만경창파 조각배는 고기잡이 어부의 배
가족 먹여 살리려고 목숨 걸고 파도 탄다

높은 건물 공사판에 고공행진 품팔이들
이도 역시 먹고 살려 목숨 맡긴 로프 외줄

와르릉 철모 쓰고 공해 마셔 달려간다
책임 있는 호주여라 목숨 맡겨 누벼간다

부잣집의 자식인가 집값보다 비싼 차
남의 목숨 알 바 없이 날아가듯 달리누나

한 세월에 늙어진 몸 먹고 살기 힘겨워라
아파트에 경비 서며 뜬눈으로 밤을 샌다

늦기 전에

힘을 다해 열심 다해 부지런히 일해보세
늙어지면 못하나니 젊었을 때 일해보세
공부시기 놓치면은 하려해도 못하나니
공부할 때 열심 다해 노력하고 힘써보세

한 푼이라 아껴 쓰고 저축하여 모아보세
늙어져서 추한 모습 아니 보여 행복하리
인생살이 천만사들 후회 없이 살아보세
후회하며 가슴칠 땐 이미 늦은 때이어라

한참이나 세월 가도

한참이나 세월가도 못 잊어 흐느끼고
아름다운 「샤프란」의 꽃향기 미풍에 실려
아아, 오늘도 스쳐간다 그윽히 진한 향기
보일 듯이 잡힐 듯이 오늘도 다가온다

세월 가고 네월 가서 지금은 황혼과 함께
서산 언덕 넘으면서 어울려 있으리라
황혼의 아름다움에 흠뻑 젖어서……
속임 없는 황혼미에 눈이 부시리로다

서산 언덕 노을 길엔 서글픔 피고
배웅 나온 뭉게구름 채색 옷 입혀
지평 위에 땅거미들 모여들 때면
한숨 묻은 인생노래 휘파람 분다

정치의 변질

정치는 무서운 것 사나워지고
때로는 치사하고 무서워지고
좋은 사람 뻔뻔으로 변질이 되고 색깔 변하고
쇠로 만든 철가면 어디서 났나

정치를 시작하면 마음 변하고
그리도 착한 사람 무서워지고
정의의 사람들이 부정과 함께 춤을 추시니
보는 사람 마음은 아파만 온다

물고 뜯고 늘어짐이 정치였던가
소리치며 몸싸움이 사명이런가
합심하여 폭풍의 밤 일엽편주(一葉片舟) 구해주시는
선량님들 되시옵기 기도합니다.

6부 신앙시
무거운 죄 짐을 지고

샤론의 백합

샤론의 백합 그 향기가 진동하누나
세계 만민이 그 향기에 취하는도다
샤론의 향기 땅 끝까지 퍼지게 될 때
만왕의 왕이 영광 중에 오시리로다

메마른 땅에 아름답게 피어나고야
사막의 땅에 백합의 꽃 피어오르며
샤론의 백합 흠뻑 닮아 피어보리라
백합의 향기 멀리 멀리 휘날려보리

멀리서 들려오는 확실한 소식
님이 오시는 소식이 더 가까이 들려옵니다
신부 단장 어서 속히 서둘러보세
지체를 말고 등불 밝혀 모셔들이세

기도(Prayer)

이 한 세상 기도하며 살아가리라
기도할 때 승리는 찾아오고요
기도의 줄 놓치면은 불행이 와요
기도의 줄 생명줄 잡고 살리라

기도 없이 살 수가 아주 없어요
기도 없이 평안도 아주 없고요
기도 없이 안심도 할 수 없어요
험한 세상 기도하며 살으렵니다

기도할 때 하늘 문은 활짝 열리고
기도할 때 도우시는 손을 펴시고
살며시 웃으시며 찾아오세요
기도할 때 사랑 안고 찾아오시고
머리 위에 손을 얹고 안수하세요

나의 기도(My prayer)

나약한 나의 기도 응답이 되어
강 같은 참된 평화 차고 넘치고
은혜의 이슬비가 나를 적시네
감사하신 주님을 찬양하리라

죄가 많은 나의 기도 응답이 되어
우리 집 모두모두 행복합니다
나가도 들어와도 행복합니다
근심걱정 사라지니 행복합니다

나의 평생 기도하며 살아가리라
나의 평생 의지하며 살아가리라
후일에 들림 받아 그분 뵈올 때
그 기쁨 한량없이 넘쳐 흐르리

명상(meditation) · 1
-겟셋마네 동산

겟셋마네 동산의 주님 바라봅니다
찬이슬에 젖어 밤새도록 힘쓰시고 애쓰시는 주님의 뒷모습
기도하시는 모습 뵈올 때에 눈이 젖어옵니다
간절하게도 창자 속 깊이에서 신음과 함께
솟구쳐 나오는 주님의 기도, 눈물의 기도!
피땀에 흠뻑 젖어 애쓰시고 힘쓰시는 모습에
가슴 젖어옵니다! 가슴 시려옵니다

고독한 밤 외로운 밤 슬픔의 밤을……
호올로 하나님을 향한 고독한 기도
그 모습이 안쓰러워 눈물과 콧물 범벅되어서
나! 멀리 서서 주님 모습 뵙게 됩니다
과연 거룩하신 하나님의 아들이시며
흠도 없으신 어리신 양……
나, 주님 모습 멀리서 바라봅니다
마음이 떨려옵니다! 사시나무 떨듯이……
뜨거운 눈물이 비 오듯 옷깃을 적시면서
나 여기 서서 주님 바라봅니다

주여! 나, 여기 초라한 모습으로 서있습니다
그리고 주님 모습 지켜보며 울고 있습니다

명상(meditation) · 2
-골고다의 언덕길

세상 죄를 지고 가시는 어린양의 모습을 아우성치는 군중 속에 밀려 멀리 눈물 어리어 뒤쫓아 가며 바라봅니다 모두 모두가 낯 모르는 무서운 사람들뿐입니다 아는 이 없고 알아주는 이 없는 틈새에 끼어 예가 어드멘지…… 예가지 밀려왔습니다

말굽소리와 함께 힘겨워하는 말의 흐르렁대는 소리가 들려옵니다 그리고 휘둘러대는 채찍소리가 모든 신경을 날카롭고 오싹거리게 합니다 군중의 발길은 잠시 멈추는 듯 하고…… 무거운 십자가 틀 밑에는 어린양이 무릎을 꿇은 채 짓눌려 있으니…… 군중의 틈새로 바라다보입니다 날카로운 채찍 소리와 함께 신음소리가 들리며 다시 행렬은 서서히 전진하기 시작합니다 그런데 군중들이 모두모두 무서운 사람들만은 아니었습니다 그 중에는 병 고침 받은 자, 그분 사랑을 받던 자…… 그분 도움을 받던 자들과 새 생명을 얻은 자들도 있었기에 눈물 어리어 합장하고 슬픔에 못 이겨 흐느끼며 쫓는 무리도 보여집니다

아아, 위대하신 이의 행진이여
비록 이마에는 가시면류관, 등에는 나무십자가를 메었으나
만왕의 왕 행차가 아닐 수 없습니다

위대하신 분의 십자가 행진이 아닐 수 없습니다
패자의 모습이 아니라 승자의 모습 같이 보여집니다
하늘에는 마카엘 천사들이 호위하며
따라 날고 있는 모습이 보이질 않는가?
아아, 눈물에 젖어 따라 밀려가는 발걸음에 힘이 솟는다
천군의 천사들······
군중 속에 눈물 어리어 쫓는 은혜 입은 여자들
그분은 결코 외롭지 않은 위대하신 구원자시며
자부심을 갖고 계시다 약한 자들만의 군중이 아님을 알았도다

나 군중에 밀려 밀려 갈보리 처형의 언덕까지 올라가며
과연 구원의 주시오, 만왕의 왕이시며······
영생의 구주이심을 확신하였도다
패자의 십자가가 아님을 나 이제 알았네
나 군중 속에 밀리고 밀린 발걸음 속에서
그분의 위대하심과
세상 인류의 구원자이심을 깨닫고 눈물을 닦았네!

명상(meditation) · 3
-겨우 남은 것은 하나뿐

젊음이 영원한 줄만 알았습니다
젊음은 머물러 있는 것인 줄만 알았습니다
돈키호테 같이 마구 달리는 세월에 밀려
예가 어느멘지……
예까지 왔습니다

얼굴엔 그늘져있고……
거울 앞에 자신의 모습은 초라하게만……
가엾고 측은하게만 보여집니다
파아란 미소도 쓰디쓴 미소로 변했습니다
희망과 소망에 가득 찼던 검은 눈동자……
자신만만하던 야심의 눈동자마저
무거운 구름이 짓누르고 있듯이
눈마저 피곤이 가득 차 여기에 서있습니다

파아란 미소도 영원한 줄만 알았습니다
사랑도 머물러 영원할 줄만 알았습니다
석양과 함께 저물어가는 해님이 동행하자 나섭니다
땅거미 찾아드는 어둠의 그림자처럼……

사랑도 그림자만 남기어둔 채……
촛불의 꺼짐 같이 빛을 잃어 사라져갔고……
나에게 머물러 있는 것 더듬어 헤어보니
영원할 것으로 믿었던 것…… 모든 것들이
하나도 남아 있는 것이 없습니다
부스러기조차도……

그러나 가슴속 깊은 곳에서
소리치는 것 하나 있습니다
내 이름은 믿음이라고……!
내 이름은 영생이라고……!

찬송 찬송 찬송 · 1

찬송 찬송 찬송을 힘써 부르세
실라와 바울 옥중에 착고 풀리고
찬송 찬송 찬송을 부를 때 옥문 열렸네
찬송의 힘 치솟아 하늘 문도 열리리

찬송 찬송 찬송을 함께 부르세
공포의 병 암병도 치유되고요
답답하던 심장병 편해집니다
잠 못 이룬 불면증도 끝이 납니다
힘을 다해 손뼉 치며 찬송 부르세

찬송 찬송 찬송을 불러봅시다
죽은 세포 모두가 살아나고요
살맛 없는 세상에 희망 넘치고
할렐루야 찬양이 솟아납니다
인생살이 발걸음도 가벼워집니다

찬송 찬송 찬송을 계속 부르세
모든 통증 사라져 간데 없고요
병마들은 쫓기어 도망갑니다
찬송 찬송 찬송을 힘써 부르면
악한 마귀 권세 거둬 사라집니다

찬송 찬송 찬송 · 2

찬송은 모든 병을 치유하는 의사되고요
찬송할 때 하늘 천사 모두 내려와
모두 함께 찬송을 부르고 나면
악한 영은 쫓기어 달음질치고

주의 성령 이슬 같이 임하여 오며
주~의 평화 주~의 영광 승리하셨네
사탄의 역사 저만큼 도망을 치면
아니! 벌써! 주님은 내 곁에 계셔요

주님의 그늘 밑

주님의 그늘 밑에 살기 원하네
주님의 날개 아래 거하려 하네
밤이나 낮이 오나 항상 머물러
참평안 참된 행복 누려 살리라

주님의 사랑 받아 살기 원하네
주님의 은총 입어 살아가려네
그 안에 만사형통 축복 있도다
그 안에 영생복락 안식 있도다

수고와 무거운 짐 주께 맡기고
죄짐을 내려놓고 주께 안기세
마음 문 활짝 열고 기도드릴 때
감사와 감격 젖어 눈물 흘러요

겸손히 섬기며

주님만 사랑하며 살으렵니다
주님만 앞세우고 살으렵니다
내 자랑 잘난 것들 모두 내리고
십자가 높이 들고 살으렵니다

바울과 실라처럼 살으렵니다
옥중에 찬송 기도 착고 풀리고
한목숨 모두 바쳐 살으심 같이
겸손히 섬기면서 살으렵니다

살아온 지난 날을 돌아봅니다
주님만 앞세우고 살지 못했고
십자가 자랑하며 살지 못하여
나 지금 눈물 젖어 참회합니다

오늘 해가 질 때까지

오늘 해가 질 때까지 무엇 했는지
가슴 위에 손을 얹고 생각합니다
혹시라도 실족한 것 없는가 하고
주님 앞에 잘못된 것 없는가 하고

오늘 해가 서산 너머 기울 때까지
주님 모셔 살았는가 뒤져봅니다
죄악세상 젖어 살며 기도했는지
가슴 위에 손을 얹고 묵상합니다

오늘 이 밤 야곱의 잠 재워주시고
바다물결 파도치듯 은혜 여울져
꿈에 안겨 단잠 자게 하시옵시고
천성 향해 가는 길 동행하소서.

수고로운 인생살이

수고로운 인생살이 주님 도와주시고
힘에 겨워 낙심할 때 새힘 부어주소서
구주 예수 친구 삼고 의지하게 하시고
험한 세상 살아갈 때 내 손 잡아주소서

악한 영의 권세들이 나를 유혹합니다
십자가로 방패 삼고 물리치게 하시며
기도의 힘 부어주사 승리하게 하시고
미가엘의 하늘천사 나를 지켜주옵소서

서산 너머 해지듯이 황혼길의 인생들
동서 사방 갈길 몰라 허둥지둥 방황해
인생살이 끝자락이 아름답게 하시고
후회 없는 내일을 맞이하게 하옵소서

무거운 죄 짐을 지고

무거운 죄 짐지고 살아왔습니다
힘겨운 인생살이 어이 살아왔는지……
죄짐은 무거웁고 내 힘 약하오니
사랑의 손길 펴사 나를 구해주옵소서

편한 날 아주 없이 살아왔습니다
마음의 고통 속에 살아왔습니다
병약한 몸과 마음 새힘 부어주시고
성령님의 단비 내려 소생하게 하옵소서

약하고 추악한 몸 지금 주께 가오니
십자가의 흘린 보혈 수혈하여 주시옵고
사랑의 손을 펴사 안수하여 줍시며
천국의 백성으로 인처주시옵소서.

주님 만난 후에는

주님 만난 후에는 마음이 평안해
주님 만난 후에는 기쁨도 충만해
주님의 품 안기어 살아가리라

(후렴)
근심 걱정 사라지고 평안해
슬픈 눈물 사라지고 평안해
평안해 평안해 평안해

주님 만난 후에는 마귀도 떠나가네
주님 만난 후에는 시험걱정 사라져
주님 의지하면서 살으렵니다

주님 만난 후에는 죄의 짐도 사라져
주님 만난 후에는 감사 찬송 넘치니
주 안에서 살리라 세상 끝까지

이 한 세상 사는 동안

이 한 세상 사는 동안 주님 동행하시고
세상살이 괴로울 때 주님 위로하소서
힘도 없고 연약하여 넘어지기 쉬우니
천성 향해 가는 길목 나를 지켜 주소서

사악한 영 유혹의 영 나를 유혹합니다
나의 영혼 지켜주사 담대하게 하시고
못 자국 난 손을 펴사 안수하여 주셔서
천성 가는 좁은 길에 승리하게 하소서

나의 믿음 연약하여 세상 바라봅니다
성령 충만 내게 주사 주만 보게 합소서
피 묻은 손 내게 펴사 승리하게 하시고
재림의 날 휴거되어 영접 받게 합소서

내 마음에 참 평안을

내 마음에 참 평안을 원하옵니다
누가 나를 도와줄 자 아주 없으니
나그네길 다가도록 인도하여 주시고
나의 마음 깊은 곳에 참평안을 주옵소서

내 마음에 참기쁨을 원하옵니다
사막 같은 심령 위에 샘물 터지고
주의 사랑 강물 같이 흘러 넘쳐서
할렐루야 찬양하며 승리하게 하옵소서

내 마음에 참사랑을 원하옵니다
주의 사랑 강물 같이 넘쳐 흐르고
사랑 나눠 믿음으로 살게 하시며
험한 세상 승리하며 살아가게 하옵소서

이 세상 험하고

이 세상 험하고 내 믿음 약하니
주 함께 하시면 큰 믿음 넘치리
큰 믿음 받아서 이 세상 살 동안
마귀 권세 이기고 늘 승리 하겠네

마귀의 권세가 이 세상 넘쳐서
어디를 보아도 시기와 싸움뿐
새 힘을 주셔야 살 수가 있어요
기도의 줄 붙잡고 승리케 하소서

불원간 천사들 나팔을 불 때에
괴로운 인생극장 막은 내린다
우레 같은 박수갈채 그 속에서
나의 이름 부르시는 당신의 모습

황혼길 끝자락에서

옛날 옛날 아득히 지나온 옛날
산을 넘고 물 건너 예까지 왔네
꼬부랑길 비탈길 힘에 겨운 길
지팡막대 없이도 잘도 달렸네

파란만장 헤어치며 예까지 왔네
우여곡절 겪으며 여기에 왔네
서산 너머 지는 해 하도 아쉬워
발길 멈춰 내 모습 살펴봅니다

하루 해가 지면은 나홀로 남아
살아온 길 더듬어 만져보면서
인생살이 황혼길 끝자락에서
두 손 모아 조용히 기도합니다

하늘나라 고향 삼고

하늘나라 고향 삼고 태어난 인생
산을 넘고 물을 건너 달려가본들
고향마을 찾을 길은 가이 없어라
눈을 들어 하늘 보니 바로 고향길

하늘나라 고향 삼고 태어났기에
이 땅에는 정 붙일 곳 가이 없어라
밤하늘에 달과 별들 손짓을 한다
바로 예가 고향집 문턱이라고

잠시 잠깐 나그네길 살고 나면은
고향 가는 차비 하랴 마음 설렌다
별의 동리 돌고 돌아 고향땅에서
사랑했던 모두 모두 만나게 되리

구노의 아베마리아

아름다운 백합화 한 송이에서
향기롭고 찬란한 또 한 송이 꽃
구노가 그려낸 아베마리아
정숙하게 두 손 모아 머리 숙인다

고요한 밤 그 뒷전 한 모퉁이에
울지 않고 조용히 찾아오셨네
아베 아베 마리아 아베마리아
세상 만민 구원할 아기 나셨네

거룩한 밤 조용히 예수 오셨네
다시 오실 예수는 천하의 만왕
아베 아베 마리아 아베마리아
구름 타고 오실 때 기억하소서

참되신 행복
-새해맞이 노래

다사와 다난을 뒷전에 밀고
오늘도 동창은 밝아왔도다
찌프레 성난 듯 「신설」의 아침
무엇을 아는 듯 숙연해진다

그리도 소요한 난장의 밤이
근심이 앞서는 철없는 밤이
조용히 저물고 적막 깃든다
정녕히 새아침은 밝아오려나

무엇을 가지고 새날 오려나
평화를 가지고 오시려는가
재난을 가지고 오시려는가
참되신 축복을 기도해보자

註 : 신설(新雪) - 처음 내린 눈…….

깨어나라

깨어나라 보아라 높은 파도를
깨어나라 들어라 전란의 소식
일어나서 걸으라 앞만 향하여
일어나서 달리라 피난처 향해

떠나가라 장망성 심판이 온다
떠나가라 소돔성 멸망의 도성
악의 권세 우리를 삼키려 한다
악의 권세 우리를 파멸케 한다

정신 차려 주위를 살피어보라
정신 차려 자신을 뒤돌아보자
혹한 재난 몰리어 덮치기 전에
넓고 크신 품 안에 안기어 살자

힘도 없고 연약하여

힘도 없고 연약하여 주님 의지합니다
연약한 나 새 힘 부어 주시옵시고
주님 손에 이끌리어 살아가게 하시고
십자가만 바라보고 승리하게 하소서

세상의 영 타락의 영 나를 유혹합니다
태산 같은 큰 믿음을 내게 부어주시사
성난 파도 밀려와도 흔들리게 맙시고
어엿하고 담대하게 살아가게 하소서

기도하며 승리하는 성도되게 하시고
내게 주신 모든 은혜 감사 찬송하면서
이름 없이 빛 없이 소리도 없이
감격하여 보답하며 살아가게 합소서

감사하며 살아갑니다

밤하늘의 반짝이는 수만 별들과
푸른 하늘 둥실둥실 뭉게구름도
나의 평생 가는 길에 길동무 되니
할렐루야 감사하며 살아갑니다

험한 세상 어둔 밤길 지켜주시며
주야장창 가는 길을 인도하시니
두려울 것 무엇 있나 감사하리라
염려할 것 아주 없이 살아갑니다

악한 마귀 많은 세상 살아갈 때에
낮엔 태양 밤엔 달빛 비춰주시고
고요한 밤 외로운 밤 위로하시니
할렐루야 감사하며 살아갑니다

끝자락에 빛이 빛나요

폭풍이 온다 해도 두려워 말아요
고통이 다가와도 피하지 말아요
외로워도 울지를…… 울지 말아요
참고나면 반드시 끝자락에 빛이 빛나요

슬픔이 찾아와도 슬퍼 말아요
천성길 발걸음도 멈추지 말아요
십자가 괴로움도 피하지 말고요
참고나면 반드시 끝자락에 빛이 빛나요

폭풍이 몰아쳐도 사랑만은 놓치지 말아요
목숨 걸고 끝까지 지켜주세요
놓치면은 자나 깨나 후회됩니다
힘겨워도 끝까지 지키노라면
반드시 끝자락에 빛이 빛나요

믿음으로 살아갑니다

믿음으로 살아갑니다
사랑하며 살아갑니다
서로서로 도와주면서
천성길을 걸어갑니다

예수님만 따라갑니다
말씀 믿고 따라갑니다
가시밭길 험할지라도
주와 함께 동행합니다

사랑받은 감격 속에서
구원받은 감격 속에서
삶의 기쁨 넘쳐흐르고
감사 찬송 넘쳐흘러요

바램의 기도 · 1

하나님!
기적을 바라지도 않습니다
그렇다고 요행도 바라지 않습니다
떼돈을 벌어 재벌 총수도 원치 않고요
명예도 권세도 원치 아니합니다

하나님……!
당신께서 주시는 분복 아래서
하루하루를 충실하게 살고 싶어요
원망도 없이 불평도 없이 조용하게……
어린 양 같이 주님의 손에 이끌리어
감사하며 따라가게 하시옵소서

하나님……!
아브라함 크신 그림자 따라
순종 배워 복종 배워 살게 하시고
당신께서 원하심이 무엇이든간
드리오며 살으옵기 소원합니다
아아……, 가슴이 아파와도 눈물 머금고……!

바램의 기도 · 2

아침에는……!
침상에서 눈을 뜨게 하시고
색깔 좋은 아침을 맞게 하시며
호흡은 여전히 계속이 되고……
책임 있는 하루가 되게 하소서

밤이 되면……!
연장 받은 목숨으로 하루가 지나
침상 밑에 무릎 꿇고 기도 올리며
이 밤도 야곱의 꿈의 밤 같이
황홀 속에 잠이 들게 하시옵소서……!

하나님……!
죄 지으며 살지를 말게 하시며
불평과 불만은 멀~리 버리고
감사하며 살아가게 하시옵소서
하나님이 기뻐하시는 귀한 일에는
디딤돌이 되어지게 하시옵고요……!

그리고 하나님……
하나님이 필요하신 도구 되어서
모래알 한 알이 되어서라도
당신님만 기쁘시게 하신다면야
어디에나 부벼져 묻히오리다

수로보니게 여인의 기도

「수로보니게」 여인의 모정
딸을 향한 어머니의 애절이……
딸을 향한 어머니의 통곡이……
하늘 문은 열리고…… 치료의 빛이……

죽음에 사로잡힌 딸 위에 내려 빛 위에
병이 들어 죽어가던 어린양 하나
씻은 듯이…… 깨끗함을 얻고 말았네……!

나는 보았노라……
「수로보니게」 여인의 딸의 고침을……!
애절과 통곡의 몸부림의 소원이
언제 끝날지도 모르는 간절한 기도가
물리칠 수 없는 어머니의 사랑이 담겨……
위대한 힘이 되고 기적이 되어
치유의 역사는 일어났도다

「수로보니게」의 한 여인의 기도……
수도 없이 많은 고민을 안고……

자녀들을 위한 애절과 통곡으로 몸부림치는
수많은 「수로보니게」의 숱한 어머니들
주님……!
저들의 모정…… 저들의 기도를
들어주시옵소서

실망한 눈에는 희망의 빛을……
증오로 가득 찬 마음에는
'시온'을 위로하신 위로가……!
인생살이 한 평생 피로한 육신엔
아론과 훌의 도움을……!
이슬같이 내리어 주시옵소서……!

찬바람 북풍한설 모진 바람에
쇠잔하여 지친 몸…… 영혼과 함께
새 예루살렘성 문…… 멀리 보이네
운명의 순간은 다가만 오고……
무거운 육신의 짐 벗어버리고……
훨…… 훨 날아 입성할 날만
고대하며 기다리며 눈을 부빈다

천사 같이 날으면서 · 1
- 부활 · 1

개천이나 연못가에 꿈틀꿈틀 꿈틀벌레들
제때 오면 잠자리되어 하늘을 날고……
땅속 깊은 어두운 곳 굼벵굼벵 굼벵이들도
가을 소식 들려오면 매미되어 하늘을 날고……

뽕잎 먹고 잠만 자던 꿈틀벌레 누에들도
누에고치 집을 짓고 들어간 후 소식이 없네
한참 지난 어느 날에 나비되어 펄럭이고요
무슨 조화 타고 난지 두 번 다시 살으는고

꿈틀꿈틀 벌레들이 날개 돋혀 날아가고
봄이 오고 때가 되면 벌이 되고 나비가 되어
푸른 하늘 물결 따라 꽃에 앉고 나무에 앉아
자유천지 만끽하며 잘도 잘도 날으고야

천사 같이 날으면서 · 2
  - 부활 · 2

'지바고'의 얼어붙은 눈이 덮인 동토에도
지평선 너머에 눈이 쌓인 설원에도
봄이 오면 어김없이 얼어붙은 대지 뚫고
파릇파릇 새 생명들 움이 터져 나오고야
부활하는 오묘가 천지지간 넘쳐나네

봄이 오면 농부들은 부지런히 씨 뿌리고
가을 오면 열매 맺어 거둬들여 놓는다
하늘 아래 천지만물 모두모두 다시 오니
만물 중에 영장들이 가고 아니 올소냐
천사처럼 하늘 날며 살아볼 날 있으오리

산길 헤매며

어두움을 헤어쳐 밟고 딛고
돌부리에 채이며 밤길을 간다
별빛 내리쪼이는 길 그래도 어두워
별을 향해 가는 길을…… 물어보면서
더듬더듬 더듬어 밤길 걷는다

칼날 같이 매서운 북풍한설에
뺨을 에이는 듯 매섭고 앙칼진 바람
성난 바람 부여잡고 길을 묻는다
'예가 어느메쯤 되는가'를 물어보았소
도망치듯 달아나는 바람소리에
부엉새도 놀랐는지 궁시렁대고
내일이 밝아오기 기다려진다

보따리는 십자가인양
등에 지고서
어두운 산길을 헤매어본다
인생살이 이같이 힘이 든 것을
나 홀로는 힘에 겨워 갈길 못 찾고

미로의 길…… 험난한 이 길……
사랑하는 동행자 속히 오셔서
가는 길 발등상을 비춰주시고
험한 산길 내 손잡아 인도하소서

■ 공감주의 철학(共感主義 哲學)

공감주의 철학이 19세기 말에 중국 천지를 휩쓸었다. 두 세 사람이 모이던……, 마을사람들이 여름정자 아래 얼마가 모였던지 한 사람이 말을 시작하면 그곳에 모여 있던 모든 사람들이 너나 할 것 없이 공감을 하여……. 박장을 치며……, 혹은 무릎을 치며 큰 소리로 '옳거니!' 하면서 흥을 돋군다. 남녀노소(男女老少) 어디서든지 한 사람이 이야기를 꺼내고 말을 하면 '옳거니!' 한다. 모이는 대소 간에 박장치고 무릎 치며 공감화답에 신이 나고 흥이 나고 스트레스는 해소되고 혈액순환이 되어 기쁨이 왔다. 모택동(毛澤東)의 공산주의 신앙(共産主義 信仰)에 모두 다 해체되고 공감주의가 금지되었다. 공감주의 철학이 이 각박한 세대에서 다시 살아나서 '옳거니!' 박장을 치며 무릎을 치며 여유있게 공감하며 기뻐하고 이해하여서 시기와 질투, 미움과 싸움박질이 줄어드는 사회가 되길 바래본다. 공감주의철학도(共感主義 哲學徒)의 한 사람으로서 공감주의 국회가 되었으면 하는 기대를 해본다.

-성운(聖雲)

<작품해설>
공감주의(共感主義)에 대한 찬사

새솔 김상돈

 음악의 다섯 가지 요소는 리듬(rhythm), 멜로디(melody), 하모니(harmony), 컬러(color), 폼(form)입니다.
 평소에 존경하는 성운님의 시에는 언제나 '세월'이라는 리듬에 맞추어 '사랑'이라는 테마(theme)의 멜로디가 있고, 모든 인류가 체험하고 공감하는 인간의 희로애락(喜怒愛樂), 한(恨), 한탄과 탄식, 낙망, 실망, 절망, 심연에 깔려 있는 깊은 고독……, 그 속에서 희망, 꿈, 미래, 소망, 희열, 평안, 갈망 등이 한데 모아져서 절묘하게 조화를 이룹니다. 그래서 그의 시에는 화성(和聲), 화음(和音)이 되는 하모니가 있습니다. 그의 시에 빛깔은 일곱 가지 무지개 색이어서 총천연색(all natural color)입니다. 그의 시에 있어 형식은 매우 자유로우며 음률에 맞게 잘 짜여진 그만의 독특한 폼으로 이루어져 있습니다. 그는 소나타 형식, 론도 형식, 찬송가형식을 써서 시를 거룩하게 할 뿐만 아니라 일반가요 형식, 민요풍, 유행가에서처럼 반복을 사용하고 발전하면서 하나의 교향곡을 만들고 있습니다. 그의 시는 강약, 명암, 농도, 심도, 굵기, 무게, 고저, 그리고 시의 속도(tempo, 빠름과 느림)를 잘 조절합니다. 따라서 그의 시는 심장의 맥박처럼 정상적이지만 때로

부정맥처럼 불규칙하거나 우울하게, 흐느끼듯 속삭이며 님을 향해 말하는 듯한 속삭임도 있고 따라서 이와 같은 성운님의 시를 읽으면 작곡을 하는 사람들은 저절로 노래가 나오고 멜로디가 써집니다.

역사는 밤에 이루어집니다. 그것도 한 밤중에 자정을 전후에서 시는 태어납니다. 고요하고 거룩한 밤에 잉태되고 분만되는 것이지요. 피투성이가 되어 기나긴 고통의 터널을 질주해온 그의 인생은 아름다운 신세계로 나아갑니다. 그의 시는 한밤의 이슬처럼 소리 없이 내리거나 가랑비나 보슬비처럼 은은합니다. 싸락눈이 내리기도 하고 함박눈이 쌓이기도 합니다. 때로 그의 시에는 소나기나 폭우가 쏟아져 내리고 우레와 함께 천둥번개가 치기도 합니다. 한밤중인데도 그의 시에는 찬란한 태양이 우주만물을 비추어줍니다. 때로는 자장가로, 어릴 적 동요로, 아주 오랜 시간 동안 귀에 익은 유행가로, 그리고 원시시대의 태고적 노래로, 창조 이전의 신령한 노래로 들리는 그의 시는 매우 단순하며 순진하며 천진난만하기도 합니다. 그러면서도 그의 시는 아주 일상적인 것에서부터 우러나온 시편들이기에 조각나고 으깨어지고 모아져서 하나의 집주제로 집약되면서 시대정신에 앞서가는 현대 시상으로 나타납니다.

그것은 그의 가슴에 심장이 쉬지 않고 뛰고 있다는 증거입니다. 그의 맥박이 고동치고 있다는 증거입니다. 그의 시는 움직임 시입니다. 살아 움직이는 동사(a verb)입니다. 잠시도 가만히 있지 않습니다. 계속해서 움직이고 꿈틀댑니다. 결코 정적(static)이 아니라 항상 동적(dynamic)이라서 움직임 그 자체는 그의 살아

있는 삶 자체요 증거가 됩니다. 그는 죽은 詩語를 사용하지 않습니다. 生語를 사용합니다. 그래서 그 안에는 그의 파란 만장한 인생역정이 배어있고 그래서 독자는 감동을 받습니다.

성운님은 우리나라 최초의 사미스트(psalmist 찬송가 작가)입니다. 일찍이 구약성경에 시편이 있듯이 『성도의 생애』라는 그의 저서에서 186장의 찬송가를 작사한 바 있습니다. 그것은 곧 그가 평생 신앙생활을 해오면서 날마다 매 순간마다 믿음과 소망, 사랑과 감사, 평화를 실천하고 있었기에 피어난 기도의 싹이요 잎이며, 가지요, 줄기요, 꽃이요, 열매였던 것입니다. 확실히 그의 가사에는 성령의 아홉 가지 열매와 성령의 아홉 가지 은사가 담겨 있습니다.

백과사전적인 해박한 지식(pantology)과 감정, 감성, 감각, 통찰력, 그리고 정확한 목표와 방향, 그에 따르는 피나는 노력과 관리 연구를 주야로 실천하고 있는 그 분은 괴테의 파우스트(Faust) 같은 분입니다.

서울감리교신학대학에는 박장원 장학재단 사무실(본관 3층에 그가 평생 선물 받은 것을 모아놓은 것 등 수백 건의 진기한 물건이 진열되어 있음)이 있습니다. 후학들이 박사학위 논문으로 연구할만한 훌륭한 인물입니다. 일찍이 인천 방주교회를 설립하셨고 현재 아드님 박보영 목사님이 열심히 시무중이며 크게 부흥하는 소문난 교회로 알려져 있습니다.

예술적 감각과 소질이 뛰어나 음악·미술·서예·패션 등 옷차림에 이르기까지 다재다능한 분이십니다. 특별히 음악분야에는 도통하신 분입니다. 그의 음성은 신이 내린 목소리이며 실재로 일본 유학시절에는 일본 전국 음악 콩쿠르에서 "오, 대니 보이"로 특별상을 받은 바 있는 일류 테너이기도 합니다. 뿐만 아니라 고전음악 분야에 있어서는 음악의 신동 모차르트, 음악의 아버지 바흐, 음악의 어머니 헨델, 교향곡의 아버지 하이든, 가곡의 왕 슈베르트, 악성 베토벤 등에 해박하며 특히 베토벤에 능통합니다. 또한 브람스, 멘델스존, 슈만, 드보르작, 차이콥스키, 라흐마니노프, 드비시, 말러, 브르크너, 비발디, 쇼팽, 클라이슬러, 프랑크, 라벨, 포레, 바그네, 바르토크, 슈트라우스, 파가니니, 스메타나, 구노, 아비노니(아다지오), 시벨리우스, 베버, 생상, 거슈인, 베를리오즈, 스트라빈스키, 쇤베르크 등 현대음악에 이르기까지 조예가 깊으십니다. 도한 푸치니, 마스네 베르디, 소시니, 도니제띠, 마스가니 등 오페라에도 일가견이 있으십니다.

　실로 그는 평생 고전음악의 마니아로서 아침부터 심야까지 클래식과 함께 사시는 분이십니다. 또한 온 가족이 음악으로 똘똘 뭉쳐있는 가정입니다. 둘째 따님의 사위는 현재 뉴욕 메트로폴리탄 오페라 오케스트라 악장 David chen이며 손녀 Cathervire Ro는 바이얼린 단원입니다. 지휘자로는 클라이바, 토스카니니, 카라얀, 번슈타인, 오자와 세이이찌……, 성악가로는 카루소, 파바로티, 도밍고……, 첼리스토로는 카잘스, 요요바에 이르기까지 대단한 평론가입니다. 목회하실 때에는 성가대 지휘까지 하시면서 설교하셨습니다. 그리고 피아노와 하모니카, 아코디언 등에 이르기까지 다양한 악기를 연주하는 연주가시기도 합니다. 클래식, 바로크 음악, 낭만파음악, 인상파 음악, 현대음악뿐만 아니라 특이하게도 세속 음악까지 좋아하시어 매주 화요일에 하는 일본

NHK 가요콘서트에 대한 해설은 아마도 우리나라 최고의 해설가일 겁니다.

아무것도 모른 사람이 잘 아는 것처럼 떠벌리며 주절대는 것보다는 모르는 것을 잘 아는 사람이 아무것도 모르는 것처럼 겸손하고 솔직하게 한 마디 한 시를 읊는 것이 얼마나 놀랍고 멋지십니까?

그의 시에는 기가 살아 있습니다. 기가 죽은 사람, 기진맥진한 사람들, 인생살이에 시달려 기가 죽어가는 사람들, 기가 막힌 사람들은 이제 성운님의 시집을 읽으며 기를 살리시기 바랍니다. 그래야 오래 삽니다. 이 시편을 명상한다면 반드시 기가 살아날 것입니다. 죽었던 세포가 이 시를 읊는 사이에 다시 살며시 살아날 것입니다. 이 시편에는 기가 진해서 죽어가는 생명을 살려내는 생기가 시구에 절절이 스며있습니다. 오감을 통하여 육감으로 받아 생명의 양식으로 삼으며 항상 건강하고 행복하시기 바랍니다.

이 풍화 많은 한 세상을 살면서 시달리고 쫓기듯 어디론가 빨리빨리 알레그로(allegro), 비바체(vivace), 프레스토(presto)로 막 가다가는 넘어지고 충돌하고 부서져버리는데서 이제 느리게 안단테(andante), 아다지오(adagio), 라르고(largo)로 천천히 유연하게 삶의 질은 높이며 느림의 미학으로 희락의 기름을 발라 만물의 영장답게 쓰도록……, 성운님의 이 시집을 통하여 생기를 회복하여 기쁘게 살아가길 바랍니다.

성운님께도 모든 스트레스(stress), 불안(anxiety), 우울(melancholy), 권태(ennui, tedium), 절망(despair), 치매(dementia) 등

우리 각 사람 몸에 백화점처럼 각종 병균(virus)과 각종 암(cerous)이 우글거리고 있는 병마를 물리치고, 무감각(numbness), 무감동(apathy), 무기력(lethargy), 허무(nihil), 히스테리(hysteria), 신경쇠약(neurasthenia) 등에서 뛰쳐나온 모든 질병에서 놓여, 참 건강으로 무병장수의 만복을 누리시길 두 손 모아 기도드립니다.

2011년 여름

일산 탄현마을 이편한세상에서

■ 새솔 김상돈 선생 : 일찍이 연세대학을 졸업, 음악을 전공하였다. 섹소폰 연주가로 한국, 일본은 물론 미국에까지 널리 알려져 있다. 현재에도 늘푸른교회 성가지휘자로 합주자로 열심히 봉사하며 노익장을 과시하고 있다.

<추천서평>
거룩한 마음들이 녹아든 시집

김 순 진(문학평론가 · 고려대 평생교육원 시창작강사)

　스토리문학으로 등단한 박장원 선생은 여러 권의 시집과 수필집을 상재하신 분으로 문단에서는 그 이름이 널리 알려져 이젠 귀에 익은 분이다. 그런데 그 분께서 무엇을 하시는 분인지를 아는 사람은 그리 많지 않다. 새솔 김상돈 선생은 박장원 선생께서 목회자이며 의학자이며 사회운동가로서 평생을 봉사로서 살아오신 분이라고 작품해설을 통해 말하고 있다. 그것은 인간으로서의 박장원이다. 이 시집 『Scent of Solitude 孤獨의 香氣』을 통해 만나보는 시인 박장원은 어떤 사람일까? 필자는 시인 박장원에 대하여 언급하려 한다. 우선 이 책은 크게 6부로 나누어져 있다. 그러면 여기서 박장원 시인의 시세계에 대하여 조금이나마 살펴보기로 하자.
　'1부 · 영혼의 갈망'은 마음을 다스리는 시로 이루어져 있다. 이는 그간 시인이 어떻게 마음을 다스리며 다잡고 살아왔는지, 그리고 우리들이 추구하여야 할 것은 권력이나 부가 아니라 善이나 비움, 믿음 같은 것이라는 것을 시인은 시 속에 향기처럼 숨겨놓고 있다.
　'2부 · 네가 있는 밤'은 청년시절 일본으로 유학을 가서 만났던 여인에 대한 사랑이 구구절절이 애틋하게 녹아 있는 사랑시다. 시인의 연만하신 연세임에도 그 사랑의 감정은 70여년을 훌쩍 뛰어넘어 마치 청춘시절의 사랑을 그대로 재현해놓은 듯한 감정을 펼쳐놓고 있다.

'3부·꿈을 타고'는 고향에 대한 애틋한 마음을 그린 시들로 이루어져 있다. 시인의 고향은 황해도 연백이다. 일본사람들로 인해 억압당하고 그로 인해 나라까지 둘로 나뉘어져 수많은 이산가족과 실향민을 양산했던 이데올로기 속에서 시인은 직접적인 피해자다. 그러나 시인은 나라를 원망치 않는다. 어떻게 하면 통일이 될 수 있을까? 고향땅을 방문할 수 있을까? 그리고 꿈에도 그리던 어머니와 아버지를 만날 수 있을까? 부모를 마음대로 만날 권리, 고향을 마음대로 가볼 수 있는 권리, 인간의 가장 기본적인 권리에 대하여 시인은 원망하기보다는 '부모형제는 이유 없이 만나야 하고, 같은 민족은 함께 살아야 한다'는 소신을 피력하고 있다.

'4부·허무의 목련'은 자연에 대한 관찰시로 이루어져 있다. 인간에게 있어 가장 위대한 스승은 자연이다. 대자연이야말로 거짓이 없으며, 목마르고 춥더라도 견뎌서 본분에 대하여 태만하지 않으며, 사람이나 다른 동식물들에게 그늘이나 바람막이, 집이 되어주며 스스로 진화하며 살아간다. 아무리 작은 모래알이라도 바위를 탐하지 않고 스스로 존재하며 길가의 이름 모를 풀꽃은 누가 보아주지 않더라고 꽃을 피워낸다. 시인은 자연의 그러한 특성을 자세히 관찰하여 표현하면서 인간의 욕심을 꾸짖고 반성한다.

'5부 · 여보시오 나그네'는 생활시로 이루어져 있다. 살아가면서 듣고 보고 경험한 일들은 모두 시의 소재가 된다. 그래서 시인은 그간 경험해온 모든 것들을 시의 굴레 안으로 끌어들이고 매만져서 새로운 예술을 창조한다. 또한 정치와 세태를 풍자하면서 올바른 길을 제시한다. 특히 시인은 음악에 남다른 관심을 보인다. 늘 클래식을 들으며 스스로 피아노, 하모니카, 아코디언을 연주하기도 하는 시인은 음악소리에서 물의 흐름과 말발굽소리와 고향마을, 어머니 등을 연상하면서 시를 써내려가는 시인의 공감각적인 예술세계에 독자들은 어느새 포로가 된다.

'6부 · 무거운 죄짐을 지고'는 신앙시로 이루어져 있다. 다른 시도 좋지만 특히 6부에 와서 독자들은 특별한 은혜를 받는다. 그가 평생 목회를 하면서 감동 감화 받은 하나님의 말씀들을 독자들이 알기 쉽고 듣기 좋게 찬송가의 노랫말로 써내고 있다. 믿음을 가진 사람들이 해서는 안 될 덕목과 꼭 가져야만 하는 신앙심에 대하여 마치 촛불을 켜 놓은 듯 어둠의 불을 밝히고 있는 것이다.

박장원 시인은 시인이기 이전에 신앙인이다. 그가 일찍이 인천 방주교회를 창설하신 것은 너무나 잘 알려진 일이다. 그의 아버지는 우리나라 개척교회의 선구자이신 박용익 목사님이시다. 박용익 목사님은 일찍이 일본강점기 시대에 황해도 옹진군에서 염불리교회의 담임을 맡고 계셨다. 그의 아드님 박보영 목사는 할아버지와 아버지에 이어 3대째 목회를 하고 있으며 이 가문은 이미 종교계에서 널리 알려진 우리나라 성직자의 대표적 가문이다.

여기서 박용익 목사에 대한 일화를 소개한다. 일본강점기 시대에 일본 사람들은 자기들의 황도정신을 고취시키기 위하여 수많은 조선 사람들에게 '미소기'란 의식을 강요하였다. '미소기란 일종의 종교의식으로 신도에게 냉수를 끼얹고 정신을 집중시키는 의식인데 이 의식을 할 때는 모두가 일본 대신의 이름을 부르며 일제히 노 젓는 흉내를 내고 흰 죽을 먹으며 연성을 해야 했다. 이 같은 의식을 시킨 이유는 일제가 조선인에게 내제하는 민족의식을 말살하고 기독교인에게는 종교적 감정을 억제하고 일본의 천조대신으로 대치시킴으로써 내선일체와 민족동화를 기하기 위함이었다.

박용익 목사는 항상 순교를 염두에 두고 목회를 하시던 분으로 해방직전, '미소기'를 하던 중에 박용익 목사는 지도목사인 갈홍기 박사에게 물었다.

"성경에 나 외에 다른 신을 섬기지 말라고 했는데 어떻게 복음을 전하는 교역자로서 800만 대신인 '야오로로스'를 주문하고 노 젓는 흉내를 낼 수 있습니까? 이것이야말로 목사의 신문으로 도저히 할 수 없는 일입니다."

갈홍기 목사는 이 난데없는 질문에 어리둥절했다. 말하자면 여기가 어딘데 함부로 이런 질문이냐는 식의 당황이었다.

"도대체 당신의 심중에 무슨 뜻이 있어서 그런 질문을 하시오?"

박 목사는 죽음을 각오하고 말했다.

"뱃속에 무엇이 있겠습니까? 이 수백 명 교역자들을 아무 의미도 없이 맹목적으로 '미소기'를 시킬 수 있습니까? 무엇이나 의미를 알고 하는 것은 정해진 이치가 아닙니까?"

그러자 사람들이 술렁대기 시작했다. 그는 계속 말했다.

"그렇다면 제가 대답하겠습니다. 이 '미소기'는 한자로 풀면 '계', 즉 '푸닥거리'라는 말입니다. 목사들을 모아놓고 일본의 푸닥거리를 하자는 것입니까? 그래 부담금을 모아 가지고 이런 일을 할 수 있습니까?"

격한 박 목사의 언사는 장내를 울리면서 숙연케 하였다. 순간 아무도 그의 말에 반론자가 없었다. 갈홍기도 말을 못하고 우두커니 서 있기만 하였다.

그 주간에 일본 순사에게 곧 붙잡혀갈 것으로 생각한 박용익 목사는 염불리교회 교직자들에게 '가족을 잘 부탁드린다'는 유언을 하였다. 그리고 며칠 있다가 해방이 되었던 것이다.

(출처 : 채수덕 『짧은 글 커다란 기쁨』에서)

위의 일화에서 보듯 많은 사람을 하나님의 뜻으로 교화시키는 목회를 하는 사람은 우선 마음이 올바른 사람이어야 한다. 투철한 국가관이 있어야 한다. 박장원 시인의 아버지 박용익 목사가 일본강점기에 항거하며 미소기를 거부했던 것처럼 박장원 시인도 목회와 의술과 봉사를 통하여 우리나라가 올바른 나라가 되길 갈망하고 있는 것이다. 하루 빨리 통일이 되길 기원하면서 올바른 국가관과 투철한 사명감으로 그 마음을 보태고 있는 것이다.

따라서 이 시집은 나라와 이웃을 사랑하는 숭고한 마음, 자연에게 배우고 낮아지려는 학구의 마음, 부모님과 이웃을 사랑하는 아름다운 마음, 하나님 뜻을 실천하고 전파하려는 거룩한 마음들이 녹아든 시집이라 하겠다.

■ 문학공원 시선 67 ■
Scent of Solitude 孤獨의 香氣

초판인쇄일 2011년 9월 7일
초판발행일 2011년 9월 10일

지은이 : 박장원
펴낸이 : 김순진
주　간 : 지성찬
편집장 : 김묘숙
디자인 : 김초롱
펴낸곳 : 문학공원
등　록 : 2004년 3월 9일 제6-706호
주　소 : (우편번호 130-814)서울 동대문구 신설동 난계로 26길 17
　　　　삼우빌딩 C동 302호 스토리문학사
전　화 : 02-2234-1666
팩　스 : 02-2236-1666
홈페이지 : http://cafedaumnet/yob51
이메일 : 4615562@hanmailnet

ⓒ 2011 박장원

ISBN : 978-89-6577-021-3 03810

* 책값은 뒤표지에 있습니다
* 저자와의 협의에 의해 인지는 생략합니다